Karl Uhr, Daniel Bösch, Peter Egli, Michael Rohner, Flavia Sutter u.a.

Gesellschaft

Arbeitsheft | **Ausgabe C**

Karl Uhr, Daniel Bösch, Peter Egli,
Michael Rohner, Flavia Sutter, Martin Berger u. a.
Gesellschaft
Arbeitsheft | Ausgabe C
ISBN eLehrmittel: 978-3-0355-1782-8
ISBN Print inkl. eLehrmittel: 978-3-0355-1781-1

Bibliografische Information der Deutschen Nationalbibliothek:
Die Deutsche Nationalbibliothek verzeichnet diese Publikation
in der Deutschen Nationalbibliografie; detaillierte bibliografische
Daten sind im Internet über http://dnb.dnb.de abrufbar.

4. Auflage 2020

hep-verlag.ch

Zusatzmaterialien und -angebote zu diesem Buch:
http://mehr.hep-verlag.ch//gesellschaft-c-arbeitsheft

Inhaltsverzeichnis

8 Lehrabschluss und Zukunft

Kapitel 1
Persönlichkeit und Lehrbeginn

Aufgaben

Gesetzliche Bestimmungen zur Berufsbildung

A1 Beschreiben Sie den wesentlichen Inhalt der nachfolgend aufgeführten Gesetzesartikel zur Berufsbildung stichwortartig.

OR 344a[1]

OR 344a[5]

OR 345[1]

OR 345a[1]

OR 345a[2]

OR 345a[3]

OR 345a[4]

OR 346[1]

BBG 22

Mein Lehrvertrag

A2 Nehmen Sie Ihren Lehrvertrag zur Hand.

a) Füllen Sie die folgende Tabelle mithilfe Ihres Lehrvertrags aus.

b) Vergleichen Sie Ihre Angaben mit den Angaben einer/eines Mitlernenden. Gibt es Gemeinsamkeiten und/oder Unterschiede?

c) Was sagt das Gesetz zu den einzelnen Bereichen? Lesen Sie im Gesetz nach und fassen Sie die wichtigsten Punkte zusammen.

	Eigener Lehrvertrag	Gesetzliche Bestimmungen
Lohn 1. Lehrjahr		
2. Lehrjahr		
3. Lehrjahr		
4. Lehrjahr		
Dauer der Lehrzeit		
Probezeit		
Ferien		
Arbeitszeit		
Wer hat den Lehrvertrag unterschrieben?		
Besonderes		

Die Pflichten der Vertragsparteien

A3   Ordnen Sie die aufgeführten Pflichten dem entsprechenden Vertragspartner zu. Kreuzen Sie entsprechend an.

Pflicht Ausbildner/-in	Pflichten	Pflicht Lernende/-r
☐	Fachgemässe Ausbildung	☐
☐	Alles unternehmen, um das Lehrziel zu erreichen	☐
☐	Befolgung von Anordnungen und Weisungen	☐
☐	Einräumung der üblichen Freizeit und Ferien	☐
☐	Sorgfaltspflicht	☐
☐	Ausstellen des Lehrzeugnisses	☐
☐	Lohnzahlung	☐
☐	Persönliche Arbeitsleistung	☐
☐	Bereitstellung der notwendigen Arbeitsgeräte	☐
☐	Auszahlung der Gratifikation	☐
☐	Leistung von Überstunden bei betrieblicher Notwendigkeit	☐
☐	Massnahmen zum Schutz der Gesundheit	☐
☐	Bezahlung der Sozialversicherungsprämien	☐
☐	Vergütung der Spesen	☐
☐	Zahlung von Lohnvorschuss	☐
☐	Anmeldung zum Qualifikationsverfahren	☐
☐	Massnahmen zur Unfallverhütung	☐

Kleine Rechtsfälle zum Lehrverhältnis

A4   Nennen Sie zu den folgenden Rechtsfällen jeweils den passenden Gesetzesartikel und geben Sie eine eigene Beurteilung zum Fall ab.

Fall	Gesetz/ Artikel	Beurteilung
1. Form des Lehrvertrags Esther sucht schon seit längerer Zeit erfolglos eine Lehrstelle als Floristin. Beim Bowlingspielen wird ihr Vater mit dem Wirt des Betriebes per Handschlag einig, dass Esther bei ihm eine berufliche Grundbildung als Restaurantfachfrau machen wird. Wie kann sich Esther gegen diesen Entscheid zur Wehr setzen?		
2. Probezeit Während der Probezeit hat Patrick mit seinem Berufsbildner eine heftige Auseinandersetzung. Verärgert packt Patrick seine Sachen zusammen und will den Arbeitsplatz umgehend verlassen. Der Berufsbildner hält Patrick zurück und verlangt von ihm, dass er weiterarbeitet. Darf der Berufsbildner Patrick zurückhalten?		
3. Berufsfachschulbesuch Letzte Woche konnte Kathrin den Berufsfachschulunterricht nicht besuchen, weil sie dringende Arbeiten im Betrieb machen musste. Ist der Berufsbildner berechtigt, Kathrin vom Besuch des Unterrichts abzuhalten?		
4. Überstundenarbeit Kurz vor Feierabend verlangt die Lehrmeisterin von Stefan, dass er wegen dringender Arbeiten noch eine Stunde länger im Lehrbetrieb bleiben muss. Kann Stefan sich weigern?		

Fall	Gesetz/ Artikel	Beurteilung

5. Berufsfachschulbesuch

Christoph lernt Polymechaniker. Morgens kommt er hie und da zu spät zur Arbeit und dem Berufsfachschulunterricht ist er auch schon unentschuldigt ferngeblieben.

Als der Berufsbildnerin noch zu Ohren kommt, dass Christoph regelmässig in einschlägigen Lokalen verkehrt, will sie das Lehrverhältnis auflösen.

Reichen die Gründe für eine Vertragsauflösung aus?

6. Lehrvertragsauflösung

Andrea versteht die Welt nicht mehr. Seit zwei Jahren ist sie in der beruflichen Grundbildung als Laborantin. Heute haben ihre Eltern und sie vom Lehrbetrieb die Mitteilung erhalten, dass auf Beginn des neuen Lehrjahres der Lehrvertrag aufgelöst wird: Infolge fehlender Aufträge muss der Betrieb geschlossen werden.

Was heisst das für Andrea?

7. Fristlose Auflösung

Reto wird beim Stehlen eines Werkzeuges ertappt. Da in letzter Zeit verschiedentlich Material verschwunden ist, wird Reto nun von allen Mitarbeitenden verdächtigt. Die Berufsbildnerin zitiert Reto ins Büro und entlässt ihn fristlos.

Wie beurteilen Sie die Rechtslage?

Fall	Gesetz/Artikel	Beurteilung

8. Lehrlingslohn

Dürfen meine Eltern von mir die Hälfte meines Lohnes für Kost und Logis sowie die monatliche Krankenkassenprämie verlangen?

9. Arbeiten

Pascal weigert sich, die Werkstatt aufzuräumen. Er begründet seine Haltung mit der Erklärung, dass er nicht zum Putzen, sondern zum Lernen da sei und der Chef gefälligst eine «Putzfrau» anstellen solle.

Wie beurteilen Sie diese Situation?

10. Ferien

Die 18-jährige Barbara bespricht mit ihrer Berufsbildnerin den Ferienplan für das kommende Lehrjahr. Im September, Oktober, Februar und März wird sie je eine Woche Ferien erhalten.

Nehmen Sie zu diesem Ferienplan Stellung.

11. Haftung

Thomas lernt Bäcker im ersten Lehrjahr. Gestern ist ihm etwas Dummes passiert. Beim Flirten mit seiner Arbeitskollegin liess er einen ganzen Ofen voll Brötchen anbrennen. Die Ware musste weggeworfen werden. Der Berufsbildner fordert nun Schadenersatz von ihm.

Wie sieht die Rechtslage aus?

Organisation der Berufsbildung

A5   «Die Lernenden wechseln in sinnvollen Abständen den Lernort.» Setzen Sie die drei Lernorte ein.

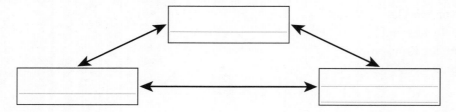

Die gesetzlichen Grundlagen und Vollzugsorgane

A6   Wer ist zuständig für die grundsätzliche Regelung der Berufsbildung?

☐   Kanton   ☐   Berufsbildner

☐   Bund   ☐   Berufsverbände

A7   In welchen Gesetzen findet man Bestimmungen über den Lehrvertrag und die Berufsbildung?

☐   OR   ☐   ArG

☐   ZGB   ☐   StGB

☐   BBG

Lehrvertrag

A8   Halten Sie fest, welche Pflicht in den folgenden Beispielen verletzt wurde. Geben Sie zudem das entsprechende Gesetz und den Artikel an.

Beispiel	Pflicht	Gesetz/ Artikel
Kevin, 17 Jahre, will heute keine Überstunden machen, weil er schon mit seinen Kollegen abgemacht hat.		
Sabrina verrät ihrer besten Freundin, nach welchem Rezept sie im Geschäft die Teemischung herstellen, die sich so gut verkaufen lässt.		
Tom ist im Betrieb nicht bei der Sache und hat viele Absenzen.		
Selin wirft verärgert das Werkzeug weg. Nun funktioniert es erst recht nicht mehr.		
Simon fehlt wiederholt in der Berufsfachschule. Im Betrieb weiss niemand etwas von seinen Absenzen.		

A9   Welche Aussagen zum Lehrvertrag sind richtig, welche falsch?

Aussage	richtig	falsch
Der Lehrvertrag kann mündlich oder schriftlich abgeschlossen werden.	☐	☐
Der Lehrvertrag trägt nur die Unterschriften der Berufsbildnerin und des Lernenden.	☐	☐
Während der Probezeit kann das Lehrverhältnis jederzeit mit einer Kündigungsfrist von 7 Tagen gekündigt werden.	☐	☐

A10   Welche Aussagen zu den Lernenden sind richtig, welche falsch?

Aussage	richtig	falsch
Der Lernende muss vom Lehrbetrieb gegen Unfall versichert werden.	☐	☐
Die Lernende haftet für Schäden, die sie im Lehrbetrieb absichtlich oder grobfahrlässig verursacht hat.	☐	☐
Der Lernende hat Anrecht darauf, dass er ausschliesslich vom Berufsbildner ausgebildet wird.	☐	☐
Die Lernende muss alle berufsrelevanten Arbeiten, die ihr übertragen werden, erledigen.	☐	☐

A11   Welche Aussagen zu Lohn, Arbeitszeit und Überstunden sind richtig, welche falsch?

Aussage	richtig	falsch
Das OR schreibt Mindestlöhne für Lernende vor.	☐	☐
Die tägliche Arbeitszeit der Lernenden darf neun Stunden nicht überschreiten.	☐	☐
Die Lernende kann grundsätzlich zu Überstunden verpflichtet werden.	☐	☐
Akkordarbeiten gehören zur Grundbildung einer Lernenden.	☐	☐
Für die Zeit in der Berufsfachschule hat der Lernende Anspruch auf volle Lohnzahlung.	☐	☐

A12   Ordnen Sie die aufgeführten Angaben den richtigen Rechtsquellen zu.

Angaben	OR	ArG	BBG	Lehrvertrag
Höhe des Lohnes für Lernende	☐	☐	☐	☐
Inhalt des Lehrvertrags	☐	☐	☐	☐
Gesundheitliche Bestimmungen am Arbeitsplatz	☐	☐	☐	☐
Lehrzeugnis nach Beendigung der Lehre	☐	☐	☐	☐
Bildungsauftrag der Berufsfachschulen	☐	☐	☐	☐

A13   Kreuzen Sie an, ob folgende Aussagen zur Ferienregelung richtig oder falsch sind. Korrigieren Sie die falschen Aussagen.

Aussage	richtig	falsch	Korrektur
Lernende bis zum vollendeten 20. Altersjahr haben pro Lehrjahr einen gesetzlichen Anspruch von wenigstens fünf Wochen Ferien.	☐	☐	
Die Lernende nimmt als Leiterin an einem J+S-Kurs «Wandern und Geländesport» teil; dafür erhält sie keinen unbezahlten Urlaub, sondern muss eine Woche Ferien opfern.	☐	☐	
Der Lernende hat einen gesetzlichen Anspruch darauf, dass ihm alle Ferienwochen zusammenhängend gewährt werden.	☐	☐	
Nehmen Lernende während der Schulzeit Ferien, müssen sie die Berufsfachschule nicht besuchen.	☐	☐	

A14   Welche Regelung gilt für die Beendigung eines Lehrvertrags?

☐   Es gelten die Kündigungsfristen des Einzelarbeitsvertrags.

☐   Er wird beendet, sobald die Lehrabschlussprüfung bestanden ist.

☐   Die Kündigung ist je nach Beruf verschieden.

☐   Er bedarf keiner Kündigung, denn er ist zeitlich befristet.

A15   «Die 17-jährige Auszubildende hat nach nur vier Monaten ihre Lehre als Fotofachfrau abgebrochen. ‹Ich hatte das Gefühl, ich müsste die ganze Arbeit allein erledigen und würde für alles verantwortlich gemacht.› Die Arbeit widerstrebte ihr immer mehr. Sie litt darunter und war oft krank. Zudem hatte sie Angst, ihren Job zu verlieren. Gespräche mit dem Chef nützten nichts; er schien ihre Probleme nicht ernst zu nehmen. Schliesslich rang sie sich zum Entschluss durch, die Lehre zu beenden.»

Beschreiben Sie mit Stichworten a) wie die Lernende und b) wie der Berufsbildner den Lehrabbruch vielleicht hätte verhindern können.

a)

b)

Sitte/Brauch, Moral, Recht

A16 Beurteilen Sie, ob es sich bei den folgenden Situationen um ein Recht, eine Sitte/einen Brauch oder um Moral handelt, und erweitern Sie die Liste mit drei eigenen Beispielen.

Situation	Recht	Sitte/ Brauch	Moral
Theo fährt mit seinem Auto mit 50 km/h durch ein Dorf.	☐	☐	☐
Paul verkleidet sich als Pirat.	☐	☐	☐
Anna öffnet die Post von ihrem Bruder.	☐	☐	☐
Lina unterschreibt ihren Lehrvertrag.	☐	☐	☐
Michael erhält für das gefundene Handy einen Finderlohn.	☐	☐	☐
Nils bietet einer älteren Person seinen Platz im Bus an.	☐	☐	☐
	☒	☐	☐
	☐	☒	☐
	☐	☐	☒

Öffentliches und Privates Recht

A17 Welches «Recht» bildet für die folgenden Fallbeispiele die gesetzliche Grundlage? Verbinden Sie jedes Fallbeispiel mit der passenden Rechtsgruppe.

Rechtsgruppe	Fallbeispiel
	Sie kaufen eine Zeitschrift.
	Sie müssen Ihre Steuererklärung ausfüllen.
Öffentliches Recht	Sie entwenden Ihrem Freund Fr. 100.–.
	Sie ziehen in eine eigene Wohnung.
	Sie bezahlen Ihre Rechnung beim Versandhandel nicht.
	Sie fahren unter Alkoholeinfluss Fahrrad.
Privates Recht	Sie leihen Ihrem Freund Fr. 50.– aus.
	Eine unentschuldigte Absenz kostet Sie Fr. 30.– Busse.

Rechte und Pflichten im Leben

A18 Notieren Sie Ihre Rechte und Pflichten entlang des Lebensstrahls. Nehmen Sie die Gesetzesbücher zu Hilfe.

Rechte		Pflichten
	17	
	16	
StGB 187		
ZGB 303		
ZGB 323		
	15	
ZGB 16		
	14	
	13	
	12	
	11	
ZGB 19		
	10	
	9	
	8	
		BV 62
	7	ZGB 301^2
BV 19	6	
	5	
	4	
	3	
	2	
	1	
ZGB 11	Geburt	
ZGB 302		
	vor der	
BV 10	Geburt	

Rechte		Pflichten
	nach dem Tod	
	Tod	
	...	
	65	
	64	
	63	
	62	
	61	
	60	
	59	
	58	
	...	
	27	
	26	
	25	
	24	
	23	
	22	
	21	
	20	BV 59
StGB 9	19	StGB 9
ZGB 13		
ZGB 14		
ZGB 467		
ZGB 94	18	
BV 136		
BV 136		

Rechtsgrundsätze

A19   Nennen Sie vier Rechtsgrundsätze und beschreiben Sie in eigenen Worten, was man damit erreichen möchte.

Rechtsgrundsatz	Beschreibung

A20   Der sehr wohlhabende Architekt Walter Arnold wird wegen Fahrens in angetrunkenem Zustand mit Fr. 8000.– gebüsst. Für das gleiche Vergehen erhält der Coiffeur Hans Klein eine Busse von Fr. 2000.–. Ist das gerecht?

Zivilprozess – Strafprozess

A21 Ergänzen Sie die Tabelle zum Zivil- und Strafprozess mit den richtigen Begriffen.

	Wer gegen wen?	Urteil
Zivilprozess		
Strafprozess		

Personenrecht

A22 Kreuzen Sie alle für die Handlung zutreffenden Fähigkeiten an.

Handlung	rechts-fähig	urteils-fähig	beschränkt handlungs-unfähig	voll-jährig	hand-lungs-fähig
1. Antonio, 24 Jahre, kauft einen Porsche.	☐	☐	☐	☐	☐
2. Mia, 5 Jahre, entfacht beim Spielen mit Streichhölzern einen Brand.	☐	☐	☐	☐	☐
3. Tim, 16 Jahre, unterschreibt seinen Lehrvertrag.	☐	☐	☐	☐	☐
4. Bea, 20 Jahre, ist erheblich alkoholisiert.	☐	☐	☐	☐	☐
5. Kim, 25 Jahre, und Andy, 28 Jahre, heiraten.	☐	☐	☐	☐	☐
6. Laura, 17 Jahre, kauft ein Smartphone.	☐	☐	☐	☐	☐
7. Nick, Softwareingenieur und 35 Jahre, unterschreibt einen Mietvertrag.	☐	☐	☐	☐	☐
8. Petra ist 17 Jahre alt und will wegen ihres Freundes zum Islam übertreten.	☐	☐	☐	☐	☐
9. Silvio, 35 Jahre, ist invalid und damit an den Rollstuhl gebunden. Er macht sich selbstständig und eröffnet eine Jobvermittlungsfirma, wofür er eine teure Computeranlage braucht. Er schliesst mit einer Unternehmung einen Leasingvertrag ab.	☐	☐	☐	☐	☐

A23 Entscheiden Sie, ob die folgenden Fälle rechtlich zulässig sind und begründen Sie Ihren Entscheid (urteilsfähig, urteilsunfähig, volljährig, minderjährig, beschränkt handlungsunfähig, handlungsfähig).

Fall	Entscheid
a) Herr Berger ist 30-jährig und von Beruf Drogist. Vor Jahren hat er sich bei einem Unfall schwere Verletzungen zugezogen, seither ist er invalid. Nun hat er im Sinn, sich selbstständig zu machen und eine eigene Drogerie zu eröffnen.	
b) Sandra, 19-jährig, besucht die Wirtschaftsmittelschule. Sie beschliesst, die Schule aufzugeben und eine berufliche Grundbildung als Floristin zu beginnen.	
c) Die 17-jährige Fabienne kauft sich mit ihrem verdienten und ersparten Geld einen Laptop. Ihr Vater ist mit diesem Entscheid nicht einverstanden und fordert Fabienne auf, diesen Kauf rückgängig zu machen.	

Strafrecht

A24 Entscheiden Sie, ob die Aussagen zum Strafrecht richtig oder falsch sind.

Aussage	richtig	falsch
Bei einem Offizialdelikt muss man zuerst eine Anzeige machen.	☐	☐
Das schweizerische Strafrecht kennt die gemeinnützige Arbeit als Strafform.	☐	☐
Bei einer Verwahrung wird man erst nach 20 Jahren wieder freigelassen.	☐	☐
Das spezielle Jugendstrafrecht gilt bis zu einem Alter von 16 Jahren.	☐	☐

Kleine Rechtsfälle zu den Rechtsgrundlagen

A25 Lösen und beurteilen Sie die folgenden Rechtsfälle. Verweisen Sie dabei auf den passenden Rechtsartikel.

Fall	Gesetz/ Artikel	Beurteilung
1. Eine ältere, urteilsfähige Dame schreibt in ihrem Testament: «Mein Einfamilienhaus soll meine Katze Tiger erben.» Kann eine Katze als Erbin eingesetzt werden?		

Fall	Gesetz/ Artikel	Beurteilung
2. Ramona, eine 17-jährige Katholikin, will einen 23-jährigen Muslim heiraten und anschliessend mit ihm nach Marokko ziehen. Ist sie zu diesen Handlungen berechtigt?		
3. Ein Nachtwandler stösst auf seinem nächtlichen Gang eine brennende Kerze um. Dadurch entsteht ein Brand. Der Hauseigentümer verklagt den Nachtwandler und verlangt die Bezahlung des Schadens. Muss der Nachtwandler für den Schaden aufkommen?		
4. Der 17-jährige Lernende Beat Klein hat den Wunsch, selbstständig zu werden und sich ein eigenes Zimmer auswärts zu mieten. Er meldet sich auf ein Inserat bei einem Vermieter. Kann hier ein Mietvertrag zustande kommen?		
5. Vor einigen Wochen hat die 25-jährige Caroline ihren Eltern mitgeteilt, dass sie beabsichtigt, demnächst mit ihrem Freund zusammen eine Wohnung zu beziehen. Ihre Eltern sind von diesem Entschluss nicht begeistert, da Caroline studiert und monatlich Hunderte von Franken Unterhalt kostet. Im Übrigen steht ihr zu Hause ein eigenes Zimmer zur Verfügung. Müssen die Eltern von Caroline weiterhin Unterhalt bezahlen?		

Kreuzworträtsel

Persönlichkeit und Lehrbeginn

X1

Verwenden Sie die Umlaute ä, ö und ü.

Waagrecht

2. Diese Pflicht beinhaltet das Verbot von Schwarzarbeit
4. Ausbildungsort für die praktische Bildung
5. Abkürzung für Bildungsverordnung
10. Darin ist der Arbeitnehmerschutz geregelt
11. Das Lehrverhältnis beginnt damit
12. Gibt auch Auskunft über meine Leistungen und mein Verhalten
13. Gesichtsausdruck (nonverbale Kommunikation)
14. Die Höhe ist im Lehrvertrag festgelegt
15. Wenn diese gut ist, lerne ich besser
16. Muss ich leisten, wenn sie notwendig und zumutbar sind
17. Mann und Frau sind das (BV 8)

Senkrecht

1. Wenn man nur aufgrund des Geschlechts weniger Lohn erhält (Nomen)
3. Wichtigste Grundlage des Lehrverhältnisses
6. Wenn dieses «Ohr» überempfindlich ist, reagiert man schnell beleidigt
7. Diebstahl kann dazu führen (2 Worte)
8. Sind Vertragspartner der Berufsbildenden
9. Dürfen nicht durch Geldleistungen abgegolten werden

Lernaufgabe

Die Ausbildungszeit aus der Perspektive Ihrer Ausbildnerin/Ihres Ausbildners

L1

Ausgangslage

Die Sicht Ihrer Ausbildnerin/Ihres Ausbildners auf das Thema «Persönlichkeit und Lehrbeginn» ist interessant. Schliesslich hat sie/er nicht bloss Erfahrungen mit der Begleitung von Lernenden und möglichen Konflikten (siehe Kapitel 1.3), sondern war in der Vergangenheit ebenfalls einmal Lernende respektive Lernender.

Lernziele

Sprache und Kommunikation (aus Thema 2 «Geld und Konsum»)

Präsentation

Sie können ein kurzes Thema strukturiert und verständlich vortragen und mit einfachen optischen Hilfsmitteln unterstützen.

Sprache und Kommunikation (aus Thema 6 «Beziehung und Zusammenleben»)

Sie können für ein Interview geeignete Fragen formulieren.

Sie können mit vorbereiteten einfachen Fragen ein Interview führen und dabei auch einzelne weiterführende Fragen stellen.

Sie können das Wesentliche eines durchgeführten Interviews in Standardsprache zusammenfassen und wichtigste Erkenntnisse daraus ableiten.

Auftrag

Sie arrangieren ein persönliches Gespräch mit Ihrer Ausbildungsverantwortlichen/Ihrem Ausbildungsverantwortlichen und befragen diese/diesen zu den Themen Lernen, Arbeiten, Lehren und Leben (Beispielsfragen siehe unten). Stellen Sie Ihre Ausbildungsverantwortliche/Ihren Ausbildungsverantwortlichen Ihrer Klasse vor und berichten Sie über ihre/seine Antworten. Nehmen Sie dabei möglichst Bezug auf die Wissensinhalte im Kapitel.

Beispielfragen zu den vier Themen:

Lernen	Bildungsweg, Bildungsabschlüsse (inkl. Bezug zum Bildungssystem)?
	Alternativer Bildungsweg (was wäre auch noch passend gewesen?)?
	Erinnerungen an die eigene Lehrstellensuche und Lehrzeit (Freud und Leid)?
	Persönliche Lernerfahrungen, -tricks, -organisation?
Arbeiten	Berufliche Vergangenheit (Jobs), Gegenwart und Zukunft?
	Was macht eine gute Fachperson im Beruf aus?
	Was ist der «Zauber des Berufs»?
	Herausforderungen des Berufs?
Lehren	Motivation, um auszubilden?
	Tipps an Lernende für eine gute Lehrzeit?
	Tipps an Lehrende (Ausbildnerinnen/Ausbildner) für eine gute Lehrzeit?
	Wo kann ich mich mit Fragen und Anliegen melden, oder wenn man nicht alles rund läuft?
Leben	Zeitmanagement, Selbstorganisation
	Regeneration/Kraft tanken, Work-Life-Balance

Produkt

Präsentation des Portraits Ihrer Ausbildnerin/Ihres Ausbildners

Kriterien

- Das Portrait ist informativ und ausführlich.
- Im Portrait werden zentrale Fragen beantwortet.
- Die Präsentation des Portraits ist gut strukturiert und sprachlich korrekt.

Individuelle Lösungen

Kapitel 2
Geld und Konsum

Aufgaben

Geld

A1 Setzen Sie die folgenden Lohnbestandteile am richtigen Ort ein und setzen Sie davor ein «+» für einen Zuschlag oder ein «–» für einen Abzug:

Spesenentschädigung, Lohnzuschläge, NBU-Prämie, Naturallohn, Sozialzulagen, 13. Monatslohn, AHV-, IV-, EO-, ALV-Prämien, Gratifikation, Kost und Logis

Vereinbarter Lohn

= Bruttolohn (AHV-pflichtiger Lohn)

= Nettolohn

= ausbezahlter Lohn

A2 Nennen Sie drei Kostenfaktoren, die Ihnen nicht vom Lohn abgezogen werden dürfen.

A3 Wann werden Ihnen von Ihrem Lohn Sozialversicherungsbeiträge (AHV, IV, EO, ALV) abgezogen?

☐ Mit der Volljährigkeit

☐ Am 1. Januar nachdem ich volljährig wurde.

☐ Sobald ich eigenes Geld verdiene.

☐ Ab dem 1. Januar nachdem ich 17 Jahre alt wurde.

Budget

A4 Setzen Sie im folgenden Text die zutreffenden Begriffe in die Lücken.
Budget (2x), Ausgaben (2x), Geldmittel, Einnahmen, Kontrolle, Schuldenspirale, Monat, Lebensstil

Um sich einen Überblick über die _____ und _____ zu verschaffen, erstellt man am besten ein _____ , das einem hilft, seine _____ gezielt einzusetzen. Ohne _____ ist ein Budget nutzlos. Deshalb müssen die _____ kontrolliert und Ende _____ mit dem _____ verglichen werden. Falls nötig, muss man seinen _____ ändern, um nicht in die _____ zu geraten.

A5 Entscheiden Sie, ob die folgenden Ausgabenposten «fix» oder «variabel» sind.

Ausgabenposten	Fixe Kosten	Variable Kosten
Fahrkosten (z. B. mit dem Roller)	☐	☐
Handy-Monatsabonnement	☐	☐
Mietzins	☐	☐
Radio-/TV-Gebühren	☐	☐
Handy-Prepaid-Karte	☐	☐
Versicherungsprämien	☐	☐
Ausgang	☐	☐
Vereinsmitgliedschaft	☐	☐
Auswärtige Verpflegung	☐	☐

A6   Ordnen Sie die Fragen den jeweils korrekten Antworten zu.

Frage		Antwort
1. Was erstellen Sie, um einen Überblick über die Einnahmen und Ausgaben zu erhalten?		Bei Internet- und Leasingkäufen
2. Wie viele Jugendliche leben in der Schweiz über ihren finanziellen Verhältnissen?		Bei fehlender regelmässiger Kontrolle
3. Bei welchen Kosten können Sie kurzfristig Einfluss nehmen, um Ihre Ausgaben zu optimieren?		Mittels eines Dauerauftrages
4. Wo finden Sie Unterstützung bei Schuldenproblemen?		Fixkosten
5. Wie nennt man Kosten, die nicht beeinflussbar sind?		Die hohen Zinsen führen oft zu langjährigen hohen Belastungen des Budgets.
6. Wozu machen Sie Rückstellungen?		Jede vierte jugendliche Person
7. Wie überweisen Sie für Rückstellungen regelmässig einen Betrag auf Ihr Sparkonto?		Schuldenberatungsstelle
8. Worin liegen die Gefahren eines Kleinkredites?		Variable Kosten (Ausgang/Shopping/Mobiltelefon)
9. Wann ist eine Budgeterstellung nutzlos?		Ein Budget
10. Bei welcher Form von Einkäufen verlieren Sie in finanzieller Hinsicht schnell den Überblick?		Für Zahnarzt/Steuern/Sparen/Ferien

Bargeldloser Zahlungsverkehr

A7   Jede Zahlungsart hat Vor- und Nachteile. Nennen Sie zu jeder Zahlungsart mindestens einen Vor- und einen Nachteil.

Zahlungsart	Vorteile	Nachteile
E-Banking		
Lastschrift-verfahren		
Postschalter		
Smartphone App		
PayPal		
Travel Cash Karte		

A8   Beschreiben Sie den Unterschied zwischen einem Dauerauftrag und einem Lastschriftverfahren in zwei bis drei vollständigen Sätzen.

Beim Dauerauftrag

Beim Lastschriftverfahren

_____

_____

_____

A9   Kreuzen Sie an, ob folgende Aussagen zum bargeldlosen Zahlungsverkehr richtig oder falsch sind.

Aussage	richtig	falsch
1. Bei der Debitkarte wird der geschuldete Betrag sofort verbucht.	☐	☐
2. Mit einer Kundenkarte kann das Handy aufgeladen werden.	☐	☐
3. Kreditkarten erhalten Jugendliche immer gratis.	☐	☐
4. Kundenkarten können auch Kreditfunktionen haben.	☐	☐
5. Für eine Flugbuchung im Internet eignet sich die Postcard.	☐	☐
6. Die Bezahlung mit der Kreditkarte entspricht «Zug um Zug», also dem Barkauf.	☐	☐
7. Wird mit der Kundenkarte bezahlt, erfolgt die Rechnung per Post.	☐	☐
8. Postomat und Bankomat haben unterschiedliche Funktionen.	☐	☐
9. Bei der Kreditkarte besteht die Gefahr, dass der Überblick verloren geht.	☐	☐
10. Travel Cash Karte und Kundenkarte haben die gleiche Funktion.	☐	☐
11. Kundenkarten kosten einen Grundbetrag von Fr. 20.–.	☐	☐
12. Mit der Maestro-Karte kann ein geschickter Dieb Geld abheben.	☐	☐
13. E-Banking ist immer sicher.	☐	☐
14. Für die Bezahlung im Parkhaus eignet sich die Visakarte.	☐	☐
15. Nicht überall werden kleinere Zahlungen per Kreditkarte akzeptiert.	☐	☐
16. Die Bezahlapp «Twint» ist weltweit einsetzbar.	☐	☐
17. Bis Fr. 40.- kann mit Kredit- und Debitkarten kontaktlos bezahlt werden.	☐	☐

A10   Nicht jede Zahlungsart ist in jeder Situation gleichermassen geeignet. Lesen Sie die folgenden Fälle
      durch. Was sind die Gründe für die Wahl der genannten Zahlungsart?

Fall	Begründung
1. Beim Eingang des Restaurants steht auf einem Schild «Zahlung mit Karte erst ab Fr. 20.–».	

Fall	Begründung
2. Im Onlineshop kann häufig nur mit Kreditkarte (oder PayPal, Twint) eingekauft werden.	
3. Meine Krankenkasse bietet mir eine Vergünstigung an, wenn ich den Zahlungsverkehr über LSV akzeptiere.	
4. Im Hotel sagt die Rezeptionistin beim Bezahlen: «Lieber mit Maestro- oder Post- als mit der Kreditkarte.»	
5. Der Kiosk in meiner Strasse akzeptiert nur Barzahlung.	
6. Beim Kauf eines Autos bietet mir die Autogarage bei Barzahlung 3 Prozent Rabatt an.	

Fall	Begründung
7. Für die Unterhaltsbeiträge an seine Kinder hat Herr Schnell einen Dauerauftrag bei der Bank eingerichtet.	

Kleine Rechtsfälle zum Vertragsrecht

A11 Nennen Sie zu den folgenden Rechtsfällen jeweils den passenden Gesetzesartikel und geben Sie eine eigene Beurteilung zu jedem Fall ab.

Fall	Gesetz/ Artikel	Beurteilung
1. Paul sucht auf dem Markt eine Lederjacke. Er sagt zur Verkäuferin: «Für diese Jacke bezahle ich Fr. 200.–.» Sie verlangt aber Fr. 300.–. Entsteht ein Vertrag? Begründen Sie.		
2. Franz Hauser geht in ein Restaurant. Zu seiner Cola isst er ein Pack Salzstängeli, das in einem Körbchen auf dem Tisch angeboten wird. Ist damit ein Vertrag zustande gekommen? Begründen Sie.		
3. Baumeister Muster verspricht der Gemeindepräsidentin in einem Vertrag Fr. 30000.–, wenn diese dafür sorgt, dass das neue Schulhaus von seiner Firma erstellt wird.		
4. Um seine Reise nach Thailand zu finanzieren, geht Thomas mit Marco einen Vertrag über die Lieferung von 10 kg Heroin ein.		
5. Herr Tobler will bei der Landi einen Rasenmäher mieten. Der Verkäufer versteht ihn falsch und legt ihm einen Kaufvertrag zur Unterschrift vor. Herr Tobler unterschreibt nichts ahnend.		
6. Karl Müller kauft bei Herrn Qui Gong für Fr. 30000.– eine Vase aus der Shang-Dynastie. Ein Expertenbericht nach dem Verkauf bestätigt jedoch, dass es sich um eine Fälschung handelt.		
7. In einem Gartenrestaurant können einige Gäste folgendes Gespräch mithören: «Wenn du mir den Vertrag nicht unterschreibst, werde ich all deine Katzen überfahren.»		

A12 Sandra will sich endlich den Traum von Freiheit und Abenteuer erfüllen. Bei einem Motorradhändler kauft sie sich einen neuen Töff zum Preis von Fr. 15000.–. Welche Vertragsform kommt bei diesem Kauf zur Anwendung?

A13 Wegen einer neuen Anstellung ist Frau Meier gezwungen, ihre Eigentumswohnung zu verkaufen. Welcher Vertragsformen bedarf dieser Verkauf?

A14 Entscheiden Sie, ob es sich bei den Beispielen um verbindliche oder unverbindliche Offerten handelt.

Beispiel	Verbindliche Offerte	Unverbindliche Offerte
1. Auf der Schuhschachtel steht der Preis von Fr. 129.–.	☐	☐
2. In einem Inserat wird eine alte Vespa für Fr. 1200.– angeboten.	☐	☐
3. Ein Juwelier bietet in seinem Schaufenster einen mit Diamanten besetzten Weissgoldring für Fr. 25.– an.	☐	☐
4. Die Studentenschnitte ist beim Bäcker mit Fr. 1.80 angeschrieben.	☐	☐
5. Für die Montage inkl. Lampe verlangt der Elektriker am Telefon Fr. 480.–. Sie nehmen das Angebot an.	☐	☐
6. Im Regal entdecken Sie einen Fahrradhelm, der nicht wie die anderen Fr. 115.–, sondern nur Fr. 95.– kostet.	☐	☐

A15 Ab wann ist ein Kaufvertrag rechtsgültig?

☐ Bei der Bestellung

☐ Mit der Offerte

☐ Nach der Lieferung

☐ Nach der Bezahlung

A16 Die Ihnen gelieferte Ware ist fehlerhaft. Sie schreiben sofort ...

☐ eine Offerte.

☐ eine Betreibung.

☐ einen Annahmeverzug.

☐ eine Mängelrüge.

A17 Kreuzen Sie an, ob folgende Aussagen zum Kaufvertrag richtig oder falsch sind.

Aussage	richtig	falsch
Auch mündliche Kaufverträge sind verbindlich.	☐	☐
Kaufverträge können stillschweigend abgeschlossen werden.	☐	☐
Minderjährige können keine Kaufverträge ohne Zustimmung der Eltern abschliessen.	☐	☐
Innert fünf Tagen können alle Kaufverträge rückgängig gemacht werden.	☐	☐

A18 Beantworten Sie die folgenden Fragen zum Kaufen im Internet in vollständigen Sätzen. Begründen Sie Ihre Antworten.

a) Sind im Internet abgeschlossene Verträge verbindlich?

b) Kann man sich auf die Preisangaben verlassen?

c) Kann man von einem Internetkaufvertrag zurücktreten?

d) Wann sind allgemeine Geschäftsbedingungen gültig?

e) Unter welchen Umständen können Minderjährige im Internet etwas kaufen?

f) Wer haftet, wenn die Ware verloren geht oder beschädigt wird?

g) Wer bezahlt die Versandkosten?

h) Warum haften Verkaufsportale wie Ricardo nicht, wenn man betrogen worden ist?

i) Muss man unbemerkt hergestellte kostenpflichtige Verbindungen bezahlen?

_____

_____

_____

_____

Kleine Rechtsfälle zum Kaufvertrag

A19   Nennen Sie zu den folgenden Rechtsfällen jeweils den passenden Gesetzesartikel und geben Sie eine eigene Beurteilung zu jedem Fall ab.

Fall	Gesetz/ Artikel	Beurteilung
1. Im Schaufenster eines Kleidergeschäftes werden Jeans mit Fr. 58.– angepriesen. Dieses günstige Angebot will sich Tina nicht entgehen lassen. Bei der Anprobe stellt sie aber fest, dass auf dem Preisschild Fr. 85.– steht.		
2. Ein Musikgeschäft bietet Ihnen in einem Telefongespräch eine Musikanlage für Fr. 750.– an. Nach einer Bedenkzeit von einer Woche wollen Sie die Anlage kaufen. Die Verkäuferin erklärt Ihnen aber, dass dieses Angebot nicht mehr gelte und die Musikanlage wieder Fr. 950.– koste.		

Fall	Gesetz/ Artikel	Beurteilung
3. Per Telefon bestellen Sie in einem Fachgeschäft einen PC. Am nächsten Tag sehen Sie in der Fernsehwerbung, dass das gleiche Gerät in einem anderen Geschäft wesentlich günstiger angeboten wird. Da Sie noch keine Auftragsbestätigung erhalten haben, widerrufen Sie per Telefon Ihre Bestellung.		
4. Trotz mehrmaliger Mahnung hat Ihr Freund das Motorrad, welches Sie ihm vor einem Monat verkauft haben, noch immer nicht bezahlt. Sie entscheiden sich, das Motorrad wieder zurückzuholen.		
5. Rolf kauft in einer Modeboutique einen Mantel. Zu Hause stellt er fest, dass das Innenfutter an einer Stelle zerrissen ist. Ihn stört das zunächst nicht, zumal er den Mantel heute sowieso unbedingt braucht. Vierzehn Tage später meint er jedoch, dass ein so teurer Mantel keine Schäden aufweisen sollte. Er reklamiert im Geschäft und verlangt die Beseitigung des Mangels.		

Fall	Gesetz/ Artikel	Beurteilung
6. Sie erhalten eine unbestellte Sendung mit vier alten Münzen zum Preis von Fr. 56.– mit der Aufforderung, bei Nichtbezahlung des Betrages die Münzen innerhalb von drei Wochen wieder zurückzusenden. Sie haben kein Interesse an alten Münzen.		
7. Peter sieht bei der Firma Schrott AG ein Occasionsauto für Fr. 4500.–. Bei den Vertragsverhandlungen versichert ihm der Verkäufer, dass dieses Auto in einwandfreiem Zustand sei. Kurze Zeit später merkt Peter, dass es einige Hinweise gibt, die belegen, dass er ein Unfallauto gekauft hat. Er will das Auto sofort zurückgeben. Der Geschäftsführer lässt aber nicht mit sich reden und beharrt auf der Gültigkeit des Kaufvertrages. Vor Gericht erklärt er, dass Peter leicht selbst hätte erkennen können, dass es sich um einen Unfallwagen handelt.		
8. Auf einer Werbe-Carfahrt mit Gratisimbiss lassen Sie sich zur Bestellung eines neuartigen Gerätes überreden, welches die Zimmerluft reinigen, ja sogar keimfrei machen soll. Das Gerät kostet – während der Carfahrt – «nur» Fr. 689.–. Nach einem Gespräch mit Bekannten haben Sie tags darauf Zweifel an der Wirksamkeit des Gerätes und auch der recht hohe Preis schreckt Sie jetzt ab.		

A20 Sie haben einem Schulkameraden Ihr Fahrrad als Occasion für Fr. 200.– verkauft. Der Kollege bezahlt bar und verlangt von Ihnen eine Quittung. Schreiben Sie eine korrekte Quittung mit den Ihnen vorliegenden Angaben.

A21 Der Ablauf einer Betreibung und Pfändung ist durcheinander geraten. Setzen Sie die Stationen mit den Ziffern 1 bis 9 in die richtige Reihenfolge.

_____ Mit dem Gesuch um Rechtsöffnung muss die Gläubigerin die Forderung vor Gericht beweisen.

_____ Entweder zahlt der Schuldner oder das Betreibungsamt stellt eine Pfändungsurkunde aus.

_____ Kann die Schuld mit dem Erlös nicht gedeckt werden, erhält die Gläubigerin für die Restschuld einen Verlustschein, welcher nach 20 Jahren verjährt. In dieser Zeit kann die Gläubigerin für ihre Forderung weiter betreiben.

_____ Bekommt die Gläubigerin Recht, kann sie mit einem neuen Kostenvorschuss das Fortsetzungsbegehren stellen.

_____ In der Schweiz kann jedermann am Wohnort des Schuldners mit einem Kostenvorschuss eine Betreibung einleiten. Die Gläubigerin füllt dazu ein Formular für das Betreibungsbegehren aus.

_____ Wenn die Gläubigerin das Verwertungsbegehren gestellt hat, informiert das Betreibungsamt den Schuldner über die bevorstehende Pfandverwertung.

_____ Das Betreibungsamt fordert den Schuldner mit dem Zahlungsbefehl auf, die Schuld innert 20 Tagen zu bezahlen.

_____ An einer öffentlichen Versteigerung werden die gepfändeten Gegenstände gegen Barzahlung verkauft.

_____ Ist der Schuldner mit der Forderung nicht einverstanden, kann er den Zahlungsbefehl innert zehn Tagen mit «ich erhebe Rechtsvorschlag» retournieren und damit die Betreibung vorläufig einstellen.

Kaufvertrags- und Finanzierungsarten

A22   Streichen Sie die fehlerhaften Teile des Textes durch und korrigieren Sie diese.

    a) Sie haben eine Wohnung gemietet. Aufgrund dieses Vertrages sind Sie Eigentümer dieser Wohnung.

    b) Sie haben für ein Auto einen Leasingvertrag abgeschlossen. Da Sie nun Eigentümerin dieses Fahrzeuges sind, können Sie es auch verkaufen.

    c) Um einen grossen LCD-Fernseher zu kaufen, haben Sie einen Konsumkredit aufgenommen. Da Sie nicht Eigentümer sondern nur Besitzer dieses Gerätes sind, dürfen Sie es nicht verkaufen.

A23   Notieren Sie die passende Kaufart hinter das jeweilige Geschäft.

Art des Geschäfts	Kaufart
Die Zeitschrift bezahlen Sie am Kiosk mit einer 10-Franken-Note.	
Sie kaufen sich einen neuen Laptop. Da er ziemlich teuer ist, leisten Sie eine Anzahlung und begleichen die Restsumme in mehreren Raten.	
Sie kaufen einen bequemen Bürostuhl und lassen sich eine Rechnung schreiben (mit Einzahlungsschein).	
Das Geld für den neuen Roller hat Ihnen die Bank gegen einen Jahreszins von 9,9 Prozent geliehen.	

A24   Kreuzen Sie an, ob folgende Aussagen zum Leasing richtig oder falsch sind. Korrigieren Sie die falschen Aussagen.

Behauptung	richtig	falsch	Stellungnahme
1. «Das Auto gehört mir, sobald ich alle Leasingraten bezahlt habe.»	☐	☐	
2. «Mit dem geleasten Auto kann ich machen, was ich will.»	☐	☐	
3. «Autoleasing ist günstig.»	☐	☐	

Behauptung	richtig	falsch	Stellungnahme
4. «Ich kann den Leasingvertrag jederzeit kündigen.»	☐	☐	
5. «Solange das Auto in Reparatur ist, muss ich die Raten nicht bezahlen.»	☐	☐	
6. «Am Schluss kann ich das Auto zum Restwert kaufen.»	☐	☐	

A25 Franz, seit einem Jahr aus der Lehre, will sich ein Auto kaufen. Sein Traumauto kostet Fr. 24 000.–. Gespart hat er bisher Fr. 8000.–. Pro Monat verdient Franz netto Fr. 4000.–. Davon kann er pro Monat Fr. 1000.– sparen.

a) Nennen Sie drei Finanzierungsmöglichkeiten für Franz.

b) Erklären Sie ihm die Eigentumsverhältnisse bei diesen drei Finanzierungsmöglichkeiten.

c) Geben Sie Franz einen begründeten Rat, welche der Finanzierungsmöglichkeiten für ihn die beste wäre.

Ökologie und Ethik beim Kauf

A26   Suchen Sie in Ihrem Zuhause nach drei unterschiedlichen Artikeln, die mit einem Öko-Label gekenn-
       zeichnet sind. Ergänzen Sie die unten stehende Tabelle mit allen verlangten Angaben.

Artikelbeschrieb	Label (Bild/Skizze und Name)	Labelbeschrieb (stichwortartig)
Lebensmittel:		
Kleidung:		
Haushaltsgerät:		

Zusammenhänge im Wirtschaftskreislauf

A27   Erklären Sie mit Beispielen aus Ihrem Alltag, was mit den Begriffen aus der Bedürfnispyramide nach
       Maslow gemeint ist.

Selbstverwirklichung

Anerkennung

Dazugehörigkeit

Sicherheit

Lebenswichtiges

Begriff	Beispiel
Lebenswichtiges	
Sicherheit	
Dazugehörigkeit	
Anerkennung	
Selbstverwirklichung	

A28 Maslow ordnet die menschlichen Bedürfnisse pyramidenartig von den Grundbedürfnissen bis zur Selbstverwirklichung. Ordnen Sie das Bedürfnis nach Geld und nach Sexualität einzelnen Ebenen der Pyramide zu. Begründen Sie die jeweils gewählte Ebene.

A29 Entscheiden Sie, welche Bedürfnisarten angesprochen werden und kreuzen Sie entsprechend an.

Aussage	Existenz-bedürfnis	Wahl-bedürfnis	Individual-bedürfnis	Kollektiv-bedürfnis	Materielles Bedürfnis	Imma-terielles Bedürfnis
1. Die Bäckerei hat frisches Brot im Regal.	☐	☐	☐	☐	☐	☐
2. Sie besuchen Ihre Grossmutter im Spital.	☐	☐	☐	☐	☐	☐
3. Gamen am Computer macht Spass.	☐	☐	☐	☐	☐	☐
4. Harry legt seinen VW Golf tiefer.	☐	☐	☐	☐	☐	☐
5. Bio-Tomaten sind besser als Hors-sol-Tomaten.	☐	☐	☐	☐	☐	☐
6. Toni schreibt seiner Freundin einen Brief.	☐	☐	☐	☐	☐	☐
7. Tanja sammelt am Strand weisse Muscheln.	☐	☐	☐	☐	☐	☐
8. Die Windjacken waren sofort ausverkauft.	☐	☐	☐	☐	☐	☐

A30 Je nach Art und Verwendung teilt man die Güter in unterschiedliche Kategorien ein. Kreuzen Sie an, in welche Kategorien das jeweilige Gut passt.

Gut	Wirt-schaft-liches Gut	Freies Gut	Sach-gut	Dienst-leistung	Konsum-gut	Investi-tions-gut	Ge-brauchs-gut	Ver-brauchs-gut
Aufwind beim Gleitschirmfliegen	☐	☐	☐	☐	☐	☐	☐	☐
Das Auto des Pizza-Kuriers	☐	☐	☐	☐	☐	☐	☐	☐
Goldbarren im Tresor	☐	☐	☐	☐	☐	☐	☐	☐
Die Banane im Früchtekorb	☐	☐	☐	☐	☐	☐	☐	☐
Die Arbeit der Logistiker	☐	☐	☐	☐	☐	☐	☐	☐
Das Familienauto	☐	☐	☐	☐	☐	☐	☐	☐
Der Kriminalroman von Mankell	☐	☐	☐	☐	☐	☐	☐	☐
Der Akku im Handy	☐	☐	☐	☐	☐	☐	☐	☐
Der Hausarzt-besuch	☐	☐	☐	☐	☐	☐	☐	☐
Goldflitter im Fluss	☐	☐	☐	☐	☐	☐	☐	☐

A31 Setzen Sie im folgenden Text die zutreffenden Begriffe in die Lücken.
teuer, steigt, hoch, steigende, sinken, Preise (2x), Preis, Angebot, Markt, Nachfrage (2x)

Die _____ von Gütern bilden sich auch aufgrund von _____

und _____ . Ist ein Gut sehr knapp, ist sein _____ entsprechend

_____ . _____ Preise haben eine sinkende _____

zur Folge. Umgekehrt _____ die Nachfrage, wenn die _____

_____ . Produkte oder Dienstleistungen des täglichen Lebens können sich auf dem

_____ nicht behaupten, wenn sie zu _____ sind.

A32   a) Formulieren Sie die Gesetze von Angebot und Nachfrage.

Bei steigendem Angebot _____ tendenziell die Preise.

Bei sinkender Nachfrage _____ tendenziell die Preise.

Bei sinkendem Angebot _____ tendenziell die Preise.

Bei steigender Nachfrage _____ tendenziell die Preise.

b) Beurteilen Sie die folgenden Marktsituationen.

Marktsituation	Auswirkung auf Nach-frage oder Angebot	Preisentwicklung
1. Alle Arbeitnehmenden erhalten eine deutliche Lohnaufbesserung.		
2. Verschiedene einander konkurrierende Unternehmen bringen eine grosse Anzahl neuer Bluetooth-Boxen auf den Markt.		
3. Der Staat ordnet eine massive Steuererhöhung an.		
4. Schlimme Naturkatastrophen haben grosse Schäden an den Getreidekulturen angerichtet.		
5. Infolge Streiks bei den Transportunternehmen entstehen Probleme bei der Rohstoffversorgung.		
6. Die Konsumentenstimmung ist auf den Nullpunkt gesunken. Es wird gespart, was das Zeug hält.		
7. «Der Rubel rollt»: Die Umlaufgeschwindigkeit des Geldes nimmt rasant zu. Die Konsumenten plündern ihre Sparschweine.		
8. Landwirte, Gemüsebauern und Weinbauern verzeichnen landesweit eine Rekordernte.		
9. Banken senken die Zinssätze und decken die Konsumenten grosszügig mit Krediten ein.		

A33   a) Stellen Sie das Marktgleichgewicht grafisch dar. Verwenden Sie dazu die Nachfrage- und Angebotskurve.

b) Beschreiben Sie die Situation im Marktgleichgewicht in zwei bis vier vollständigen Sätzen. Verwenden Sie die Begriffe *Angebot*, *Nachfrage* und *Gleichgewichtspreis*.

A34   Erläutern Sie aus eigener Betroffenheit, warum der Güterstrom und der Geldstrom im Wirtschaftskreislauf in entgegengesetzter Richtung laufen.

A35 a) Setzen Sie die passenden Akteure des erweiterten Wirtschaftskreislaufes so ein, dass der Geldstrom von links nach rechts fliesst.

Teilnehmer	Geldstrom	Teilnehmer
	→ Zahlung für Importe →	
	→ Steuern →	
	→ Zahlungen für Güter und Dienstleistungen →	
	→ Zahlung für Exporte →	
	→ Löhne, Zinsen, Gewinne →	

b) Beschriften Sie die Geldströme in der nachfolgenden Grafik.

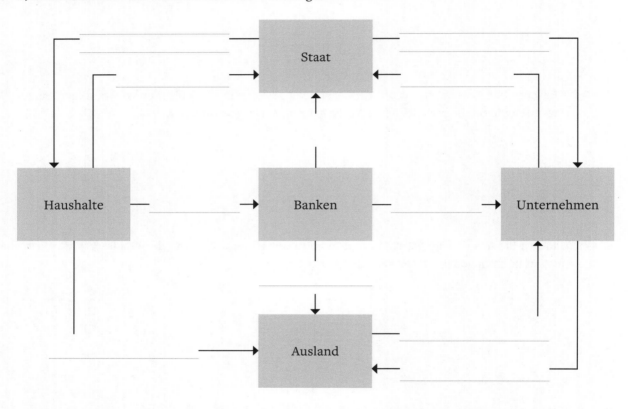

A36 Der Staat nimmt eine besondere Stellung im erweiterten Wirtschaftskreislauf ein. Beschreiben Sie die Bedeutung des Staates für das wirtschaftliche Geschehen in der Schweiz.

A37 Was versteht man unter «too big to fail» bei Banken?

_____

_____

_____

_____

_____

A38 Um eine ganzheitliche Sicht unseres Wirtschaftsgeschehens zu erhalten, muss man die Auswirkungen auf die Umwelt und auf das soziale Leben miteinbeziehen. Beurteilen Sie Ihre berufliche Tätigkeit aufgrund dieser beiden Sichtweisen.

_____

_____

_____

_____

_____

A39 Auch Ihr Lehrbetrieb erarbeitet Güter oder Dienstleistungen aufgrund der Produktionsfaktoren Arbeit, Boden, Kapital. Beschreiben Sie, welche Produktionsfaktoren in welcher Form in Ihrem Lehrbetrieb eingesetzt werden.

_____

_____

_____

_____

_____

A40 Setzen Sie die passende Art von Kapital ein.

Situation	Kapitalart
Ihr Betrieb schickt Sie in einen Weiterbildungskurs.	
Das Unternehmen nimmt am Finanzmarkt Geld auf.	
Die Firma beschafft neue Servicefahrzeuge.	

Messung der Wirtschaftsaktivität

A41   In Artikel 2 der Bundesverfassung steht, dass die Schweiz die gemeinsame Wohlfahrt fördert. Welche vier Bereiche – neben der Wirtschaftsaktivität – sind damit gemeint?

A42   Betrachten Sie die Grafik zum realen BIP pro Kopf der Schweiz im Grundlagenbuch (siehe Seite 75, Bruttoinlandprodukt (BIP)).

a) Beschreiben Sie die Entwicklung des realen BIP in zwei verschiedenen Zeitspannen.

b) Suchen Sie eine mögliche Erklärung für diese Veränderungen.

A43   Betrachten Sie die Grafik zum realen BIP pro Kopf im Vergleich zu anderen Ländern auf der Seite 75, Bruttoinlandprodukt (BIP). Was stellen Sie bezüglich realem BIP pro Kopf im internationalen Vergleich fest? Formulieren Sie zwei Feststellungen.

A44   Die Lebensqualität wird über verschiedene Indikatoren gemessen. Suchen Sie neben den erwähnten noch weitere Indikatoren, welche Aufschluss über die Lebensqualität geben können.

A45   Erläutern Sie, warum zum Beispiel Arbeiten im Haushalt oder Vereinsarbeit vom BIP nicht erfasst werden.

A46 Die Lorenzkurve zeigt die Einkommens- und Vermögensverteilung in einem Land.

a) Beenden Sie den Satz in Bezug auf die Verteilung von Einkommen und Vermögen in einem Land.

Je «bauchiger» die Kurve verläuft, desto

b) Welche Bedeutung hat eine «bauchige» Kurve in Bezug auf den sozialen Frieden des Landes?

Kreuzworträtsel

X1

Verwenden Sie die Umlaute ä, ö und ü.

Waagrecht

1. Meistens die günstigste Art etwas zu erwerben
2. Damit ist ein Kaufvertrag abgeschlossen
5. Monopolstellungen und Kartelle verhindern dies
8. Dieser bewirkt, dass der Käufer erst mit Bezahlung der letzten Rate Eigentümer wird
14. Wenn ich bei Vertragsabschluss absichtlich getäuscht worden bin, kann ich den Vertrag ...
18. Z.B. Mastercard
20. Wichtige muss ich bis zu 10 Jahren aufbewahren
22. Bruttolohn minus Abzüge
23. Da treffen Angebot und Nachfrage aufeinander
26. Damit will ich den Kauf rückgängig machen
27. Stellen die Produktionsfaktoren zur Verfügung
28. Für die meisten Menschen der einzige Produktionsfaktor, den sie anbieten können
29. Brief, den ich aufgrund einer mangelhaften Lieferung schreibe

Senkrecht

1. Grösse zur Messung des Wohlstands eines Landes
3. Karte, bei der die Bezüge direkt dem Konto belastet werden
4. Güter, die der direkten Bedürfnisbefriedigung dienen
5. Lebensqualität
6. Beeinflussen die Nachfrage
7. Diese Kosten eines Budgets kann man beeinflussen (2 Worte)
9. LSV heisst ...
10. Eine Art Miete (Gegenstand ist nie mein Eigentum)
11. Zeigt grafisch die Verteilung von Einkommen und Vermögen in einem Land
12. Anderes Wort für Garantie
13. Z.B. Lastwagen, Baukräne, Werkzeugmaschinen
15. Kaufkriterium, bei dem auf ein Verbot von Kinderarbeit geachtet wird (Nomen)
16. Mit Hilfe eines Amtes Geld einfordern
17. Es gibt verbindliche und unverbindliche
19. Ein Vertrag mit rechtswidrigem Vertragsinhalt ist ...
21. Teilrückzahlungen
24. Diese vermitteln Geld
25. Stellen Waren her und leisten Dienste
30. Urkundsperson (männlich)

Lernaufgaben

Angebotsvergleich bei einem grösseren Kauf

L1

Ausgangslage

Das Wissen um Kaufvertrags- und Finanzierungsarten (Kapitel 4.3) ist wichtig, wenn man einen grösseren Kauf tätigt. Beispielsweise macht es beim Kauf eines Smartphones nicht bloss Sinn, verschiedene Anbieter zu vergleichen, sondern auch die verschiedenen Kaufvertrags- und Finanzierungsarten gegenüberzustellen.

Auftrag

Sie planen einen grösseren Kauf. Sie wählen dazu ein Produkt aus, das zwischen Fr. 700 und 3000 kostet und vergleichen die (Online-)Angebote verschiedener Anbieter und die darin enthaltenen Kaufvertrags- und Finanzierungsarten. Der Vergleich sollte mindestens zwei Anbieter und zwei bargeldlose Kaufvertrags-/Finanzierungsarten berücksichtigen. Wählen Sie schlussendlich ein Angebot aus und begründen Sie Ihre Wahl.

Produkt

(Video-)Präsentation (aufgezeichnete Präsentation, evtl. als Screencast)

Kriterien
- Die (Video-)Präsentation ist informativ und ausführlich.
- Es werden Angebote von mindestens zwei Anbietern, die mindestens zwei bargeldlose Kaufvertragsarten beinhalten, berücksichtigt.
- Die Wahl des Angebots wird nachvollziehbar begründet.
- Die (Video-)Präsentation ist sinnvoll strukturiert, von guter Bild- und Tonqualität und sprachlich korrekt.

Individuelle Lösungen

Ihr persönliches Budget

L2

Ausgangslage

Für Privatpersonen und für Unternehmen ist es unerlässlich, dass der (Geld-)Haushalt gut organisiert ist. Das Budget ist ein wichtiges Instrument dazu (siehe Kapitel 2.2). Gerade für junge Menschen ist die Fähigkeit ein Budget zu erstellen eine wichtige Voraussetzung für den Schritt in die (finanzielle) Unabhängigkeit.

Auftrag

Sie erstellen ein persönliches* Budget. In diesem listen Sie die wesentlichen Budgetposten auf und ordnen diese den Kategorien «fixe Kosten» und «variable Kosten» zu. Damit sie den Budgetposten realistische Beträge zuordnen können, ermitteln Sie die Kosten über reelle (echte) Angebote (z. B. Immobilienportal) und erkundigen Sie sich über die zahlreichen Online-Hilfsquellen (schulden.ch).
Visualisieren Sie Ihre Ausgaben mit einem Kuchendiagramm.

> *Situation in ca. drei Jahren. Gehen Sie davon aus, dass Sie ausgelernt sind und nicht mehr zu Hause wohnen. Berücksichtigen Sie eine mögliche Weiterbildungssituation oder ein Sparvorhaben (beispielsweise für ein Auslandaufenthalt) usw.

Produkt

Budgettabelle mit Kuchendiagramm/Kreisdiagramm

Kriterien

- Das Budget ist informativ und reichhaltig.
- Die Budgetposten sind richtig zugeordnet (variable Kosten/fixe Kosten)
- Die Beträge der Budgetposten sind realistisch.
- Das Budget (Tabelle und Diagramm) ist gut strukturiert und sprachlich korrekt.

Individuelle Lösungen

Finanzierung eines Autos

L3

Lernziel

Sie vergleichen und beurteilen Anschaffungen mittels Barkaufs, Kreditkauf und Leasing.

Ausgangslage

Nadja ist 20 Jahre alt und hat vor kurzem ihre Lehre als Fachfrau Betreuung EFZ abgeschlossen. Schon lange hegt sie den Wunsch, ein eigenes Auto zu kaufen, damit sie nicht mehr auf dasjenige ihrer Eltern angewiesen ist. Ihr Traumauto hat sie bereits entdeckt. Allerdings kostet es Fr. 20 000. Nun möchte sie verschiedene Finanzierungsmethoden prüfen. Ihr monatliches Nettoeinkommen beträgt Fr. 4 000. Nach Abzug aller Fixkosten und variablen Ausgaben kann sie pro Monat maximal Fr. 500 sparen.

Nadja vergleicht folgende Finanzierungsmöglichkeiten:

A Barzahlung durch Sparen (Sparzinsen sind vernachlässigbar)	**B** Leasing	**C** Barkredit

Aufgaben

Studieren Sie die drei Finanzierungsarten im Lehrmittel Gesellschaft C (Seite 56 f., Kaufvertrags- und Finanzierungsarten).

Erstellen Sie eine Übersicht über die drei Finanzierungsarten.

Suchen Sie im Internet nach realistischen Angeboten für ein Leasing und einen Barkredit.

Welche Variante empfehlen Sie Nadja? Begründen Sie Ihren Entscheid ausführlich.

Folgende Inhalte müssen verglichen werden:

Gesamtkosten

Monatliche Kosten (Raten)

Vor- und Nachteile der Finanzierungsarten

Produkte

- Drei konkrete Vorschläge zur Finanzierung eines Autos
- Übersichtlicher Vergleich
- Auflistung aller relevanten Vor- und Nachteile der drei Finanzierungsarten
- Empfehlung in schriftlicher Form, inklusive ausführlicher Begründung

Sozialform

Partnerarbeit

Hilfsmittel

Lehrmittel Gesellschaft C

Internet (verschiedene Leasing- und Kreditgeber/comparis.ch)

Individuelle Lösungen

Kapitel 3
Gemeinschaft und Staat

Aufgaben

Heimat

A1   Notieren Sie wenn möglich zu allen, aber zumindest zu 20 Buchstaben des Alphabets einen Begriff, den Sie mit «Heimat» in Verbindung bringen.

A _____   B _____

C _____   D _____

E _____   F _____

G _____   H _____

I _____   J _____

K _____   L _____

M _____   N _____

O _____   P _____

Q _____   R _____

S _____   T _____

U _____   V _____

W _____   X _____

Y _____   Z _____

Schweizer Geschichte

A2   Setzen Sie im folgenden Text die zutreffenden Begriffe in die Lücken.

UNO-, Demokratie, 1848, Frauenstimmrecht, Referendums-, wichtigsten politischen Strömungen, Bundesstaat, Initiativ-, EU, 2. Weltkrieg, Kantone, Bilaterale Verträge, Bundesrat, Volk

Die Schweiz wurde _____ zu einem _____ umgestaltet. Die _____ behielten dabei eine grosse Selbstständigkeit. Wenige Jahrzehnte später wurden das _____ Recht und das _____ Recht eingeführt, zwei Rechte, die noch heute die _____ als Regierungsform der Schweiz von anderen unterscheidet. Während die AHV bereits kurz nach dem _____ eingeführt wurde, konnte Mann/Frau das _____ auf nationaler Ebene erst 1971 feiern! Unterdessen wurde die Zauberformel geboren, welche zum Ausdruck bringt, dass die _____ im _____ vertreten sein sollen. Trotz Bedenken wegen der Neutralität stimmte das Schweizer _____ dem _____ Beitritt in einer Referendumsabstimmung 2002 zu, während bisher alle Annäherungsversuche an die _____ scheiterten. _____ regeln die Beziehung zur Europäischen Union.

Bundesverfassung

A3   Lösen Sie die nachstehenden Fragen mithilfe der Schweizerischen Bundesverfassung und dem jeweilig passenden Artikel.

Fall	Gesetz/ Artikel	Beurteilung
1. Die Bundesverfassung ist in sechs Titeln gegliedert. Wie heissen diese Titel?		
2. Frau Manz und Herr Ritter arbeiten bei der Firma «Fairplay». Beide führen die genau gleiche Tätigkeit aus, haben dieselbe Grundausbildung und sind fast gleich alt. Bei einem Gespräch zwischen den zwei Mitarbeitenden stellt sich heraus, dass Herr Ritter monatlich 300 Franken mehr verdient als Frau Manz. Frau Manz ist empört, findet dies ungerecht. Gestützt auf welches Grundrecht (Begründung) könnte Frau Manz versuchen, zu ihrem Recht zu kommen?		
3. In welchem Artikel findet man in der Bundesverfassung der Schweiz das Verbot der Todesstrafe?		
4. Gegen einen Schweizer Sportler wird in der Zeitung eine Hetzkampagne geführt. Die rufschädigenden Geschichten sind frei erfunden, die gezeigten Bilder aus dem Zusammenhang gerissen. Auf welcher Rechtsgrundlage kann der Fussballprofi dagegen vorgehen?		

Fall	Gesetz/ Artikel	Beurteilung
5. Der ehemalige Ministerpräsident Italiens, Silvio Berlusconi, kontrollierte während seiner Regierungszeit mehrere italienische Fernsehsender. Damit konnte er entscheiden, was ausgestrahlt werden soll, und was nicht.		
a) Wie nennt man das Filtern von Informationen?		
b) Wäre dies laut Schweizer Verfassung erlaubt?		
6. Herr Bigger arbeitet in Wil, wohnt aber in Frauenfeld. Wo kann er seine politischen Rechte ausüben (abstimmen und wählen)?		
7. Ist es möglich, dass im Kanton Appenzell Ausserrhoden der Grundschulunterricht im Herbst beginnt?		

Eckdaten Schweiz

A4 Streichen Sie die nicht zutreffenden Aussagen durch.

a) Die Schweiz zählt gegenwärtig rund 8 / 8,6 / 9 Millionen Einwohner.

b) Weniger als 20% / Ein Viertel / Mehr als ein Viertel davon sind Ausländer.

c) Wie viele Kantone gibt es? 20 Vollkantone / 23 Kantone / 26 Kantone / 6 Halbkantone.

d) Die Fläche der Schweiz beträgt rund 4000 / 40000 / 400000 Quadratkilometer.

e) Der Alpenraum nimmt rund $\frac{1}{3}$ / $\frac{2}{3}$ / $\frac{1}{2}$ der Gesamtfläche ein.

f) Rätoromanisch ist eine / keine offizielle Landessprache.

g) Deutsch wird rund zweimal / dreimal / achtmal / zwanzigmal so häufig gesprochen wie Italienisch.

h) Französisch sprechen rund 10% / 20% / 30% / 40% der Schweizer Bevölkerung.

i) Die Schweiz ist eine repräsentative / halbdirekte / direkte Demokratie.

k) Die Schweiz grenzt an vier / fünf / sechs Nachbarstaaten.

l) Die Schweiz ist ein / kein Binnenstaat.

Merkmale des Staates / Staatsformen

A5   Nennen Sie die wesentlichen Merkmale der verschiedenen Staatsformen und notieren Sie Beispiele von Staaten und Zusammenschlüssen von Staaten.

Staatsform	Merkmale	Beispiele
Bundesstaat		
Einheitsstaat		
Staatenbund		

Regierungsformen

A6   Ordnen Sie die Merkmale den zwei Regierungsformen zu.

Merkmal	Demokratie	Diktatur
Die Staatsgewalt ist aufgeteilt.	☐	☐
Politisch Andersdenkende werden verfolgt.	☐	☐
Manipulierte Scheinwahlen	☐	☐
Politischer Wettbewerb zwischen Parteien	☐	☐
Desinformation durch staatlich kontrollierte Medien	☐	☐
Bürgerrechte sind garantiert.	☐	☐

A7 Beantworten Sie die folgenden Fragen zu den Regierungsformen Demokratie und Diktatur.

Frage	Demokratie	Diktatur
1. Wie gelangt die Regierung in ihr Amt oder an die Macht?		
2. Wer kontrolliert die Regierung?		
3. Welchen Zweck haben Volksabstimmungen und Wahlen?		
4. Welche Aufgaben erfüllen die Massenmedien?		
5. Welche Aufgabe hat die Polizei?		
6. Beispiele (Staaten)		

Gewaltenteilung

A8 Nicht nur der Bund, auch die Kantone und die Bezirke/Gemeinden sind nach dem Prinzip der Gewaltenteilung organisiert. Beschreiben Sie die einzelnen Gewalten möglichst präzise.

Gewalten-teilung	Legislative/Parlament	Exekutive/Regierung	Judikative/Gericht
Bund			
Mein Wohnkanton			
Mein Wohnbezirk			

A9 Ordnen Sie die Situationen den verschiedenen Ebenen (Bund, Kanton, Gemeinde) sowie der entsprechenden Staatsgewalt zu.

Situation	Gewalt
a) Der Berner Stadtrat will nicht über eine angekündigte Demonstration diskutieren.	
b) Ständerat und Nationalrat müssen zur hängigen Initiative «Ja zu vernünftigen Tempolimiten» Stellung nehmen.	
c) Die Regierung des Kantons St. Gallen fordert massive Sparmassnahmen.	
d) Die Bürger der Gemeinde Rehetobel stimmen einer Steuererhöhung zu.	

A10 Entscheiden Sie, zu welcher «Gewalt» die Funktionen bzw. Ämter gehören.

Amt/Funktion	Parlament Legislative	Regierung Exekutive	Gericht Judikative
1. Bundesgericht	☐	☐	☐
2. Stadtrat St. Gallen	☐	☐	☐
3. Gesetze erlassen	☐	☐	☐
4. Friedensrichter	☐	☐	☐
5. Gemeindeversammlung	☐	☐	☐
6. Bundesrat	☐	☐	☐
7. Gesetze ausführen	☐	☐	☐
8. Ständerat	☐	☐	☐
9. Kantonsrat St. Gallen	☐	☐	☐
10. Kantonsgericht	☐	☐	☐

A11 Ordnen Sie die Aufgaben Bund, Kanton oder Gemeinde zu.

Ebene	Aufgabe
	Aussenpolitik
	Feuerwehr
Bund	Polizei
	Bau von Schulhäusern
	Militär
Kanton	Berufsbildung
	Kehrichtabfuhr
	Schule
Gemeinde	Wasserversorgung
	Zoll
	Gesundheitswesen

A12 Die Massenmedien werden als die vierte Gewalt in einem Staat bezeichnet. Wie können Massenmedien die politische Meinungsbildung beeinflussen? Welche Gefahr besteht dabei?

Parlament

A13   Kreuzen Sie an, welche Aussagen bzw. Aufgaben den Nationalrat, den Ständerat oder die Vereinigte
Bundesversammlung betreffen (mehrere Lösungen möglich).

	Nationalrat	Ständerat	Vereinigte Bundesversammlung
1. Jeder Vollkanton stellt 2 Mitglieder.	☐	☐	☐
2. Meistens Wahl im Proporzverfahren	☐	☐	☐
3. Meistens Wahl im Majorzverfahren	☐	☐	☐
4. Milizparlament	☐	☐	☐
5. Jeder Kanton hat mindestens 1 Sitz zugute.	☐	☐	☐
6. Volksvertretung	☐	☐	☐
7. Gesetze erlassen	☐	☐	☐
8. Wahl des Bundesrates	☐	☐	☐
9. Der Kanton St. Gallen stellt 12 Abgeordnete.	☐	☐	☐
10. Beschluss über Begnadigungsgesuch	☐	☐	☐
11. 4-jährige Amtsperiode	☐	☐	☐

A14   Ordnen Sie nachstehende Begriffe und Zahlen dem Stände- respektive Nationalrat zu.
*Volk – 200 – Kantone – Proporzwahl – 46 – Bürger/-in – Verhältnis zur Wohnbevölkerung – Majorzwahl –
Bevölkerungsarme Kantone haben das gleiche Gewicht – Kanton (Stand) – Vollkantone 2 – Halbkantone 1*

Rubrik	Ständerat	Nationalrat
Mitglieder		
Wahl		
Repräsentiert		
Abgeordnete pro Kanton		
Vertretung		

Bundesrat

A15 Füllen Sie die leeren Felder aus und markieren Sie den/die amtierende/n Bundespräsidenten/-in.

Bundesrat/ Bundesrätin: Vorname/Name (im Amt seit ...)	Partei- zugehörig- keit	Herkunfts- kanton (abgekürzt)	Departe- ment (abge- kürzt)	Departement
				Eidgenössisches Departement für Umwelt, Verkehr, Energie und Kommunikation
				Eidgenössisches Finanzdepartement
				Eidgenössisches Departement für Verteidigung, Bevölkerungsschutz und Sport
				Eidgenössisches Departement für auswärtige Angelegenheiten
				Eidgenössisches Justiz- und Polizeidepartement
				Eidgenössisches Departement für Wirtschaft, Bildung und Forschung
				Eidgenössisches Departement des Innern

Wer führt die Bundeskanzlei?

A16 Was versteht man unter dem Begriff «Konkordanz»?

_____

_____

_____

_____

_____

_____

_____

_____

Mitwirkungsrechte und Pflichten

A17 Ordnen Sie die Beispiele den Mitwirkungsrechten / Pflichten zu.
GM = Grundrechte / Menschenrechte, SR = Staatsbürgerliche Rechte,
SP = Staatsbürgerliche Pflichten, PR = Politische Rechte

_____ Steuerpflicht

_____ Niederlassungsfreiheit

_____ Stimm- und Wahlrecht

_____ Recht auf Leben

_____ Anspruch auf Grundschulunterricht

_____ Versicherungspflicht

_____ Schulpflicht

_____ Glaubens- und Gewissensfreiheit

_____ Schutz vor Ausweisung, Auslieferung und Ausschaffung

A18 Setzen Sie das passende Recht hinter die Aussagen.

Aussage	Recht
1. Jede vierte Person in der Schweiz ist konfessionslos.	
2. Ab 18 Jahren können Schweizerinnen und Schweizer in der Politik mitreden.	
3. Abtreibungen sind in der Schweiz nicht ohne Weiteres möglich.	
4. Sie können jederzeit eine der ca. 2200 Gemeinden als Wohnort wählen.	
5. Männer und Frauen verdienen für gleiche Arbeit noch immer nicht überall gleich viel.	
6. So lange ich niemandem Schaden zufüge, kann ich sagen, was ich denke.	

A19 Unsere Grundrechte sind in der Schweizerischen Bundesverfassung (BV) festgehalten. Suchen Sie in der BV nebst den oben erwähnten noch weitere Grundrechte.

_____

_____

_____

_____

Stimmen und Wählen / Mehrheiten

A20 Nennen Sie die Voraussetzungen, um in der Schweiz bei eidgenössischen Wahlen oder Abstimmungen wählen oder stimmen zu dürfen.

_____

_____

A21 Die Gemeinde Herisau wählt den Gemeindepräsidenten/die Gemeindepräsidentin. Zur Wahl stehen vier Kandidatinnen und Kandidaten. Nach Auszählung aller Stimmen sehen die Resultate wie folgt aus:

Angelo Di Pietro 351

Anita Rieser 814

Rita Maurer 602

Kurt Schönbächler 233

Ungültige Stimmen, leere Stimmzettel, Enthaltungen: 6

a) Wie viele gültige Stimmen können gewertet werden?

_____

b) Wie nennt man das Wahlverfahren, wenn das «absolute Mehr» verlangt wird?

_____

c) Wie gross ist das «absolute Mehr», und wer wurde gewählt, wenn das «absolute Mehr» erforderlich ist?

_____

d) Wer wurde gewählt, wenn das «relative Mehr» erforderlich ist?

_____

A22 Um welche Form von «Mehr» handelt es sich bei folgenden Wahlsituationen?

Wahlsituation	Form von «Mehr»
1. Frau Moser hatte bei den Gemeindewahlen eine Stimme mehr als die Hälfte aller Stimmen erreicht.	
2. Über 50 % aller Schweizerinnen und Schweizer hatten die Initiative abgelehnt.	
3. Für die Erhöhung des Mitgliederbeitrages braucht es gemäss Statuten eine ⅔ Mehrheit.	
4. Das Volk und die Stände nahmen die Vorlage an.	
5. Herr Huber hatte von allen Kandidaten am meisten Stimmen erhalten.	
6. Nur sieben Kantone waren nicht für die Verfassungsänderung.	

A23 Welche der folgenden Aussagen zur Proporzwahl sind richtig?
Von einer Proporzwahl spricht man, wenn …

☐ das Volks- und das Ständemehr verlangt werden.

☐ diejenige Person gewählt ist, welche die höchste Stimmenzahl erreicht hat.

☐ diejenige Person gewählt ist, die das absolute Mehr erreicht hat.

☐ die Sitzzuteilung im Verhältnis zur Parteistärke erfolgt.

A24 Nennen Sie …
a) zwei typische Wahlsituationen für eine Majorzwahl.

b) zwei typische Wahlsituationen für eine Proporzwahl.

A25 Die unten stehenden Wahllisten wurden verändert. Entscheiden Sie, ob die Aussagen richtig oder falsch sind. Korrigieren Sie die falschen Aussagen.

Liste 1 – Partei A	**Liste 2 – Partei B**	**Liste 3 – Partei C**	
1.1 Adelbert Alias	2.1 Franz Farian	3.1 Livio Langenegger	*1.1 Adelbert Alias*
1.2 Barbara Breton	2.2 Gabi Glitzer	*2.3 Heinz Hummer* ~~3.2 Manuela Mischler~~	*3.2 Manuela Mischler*
1.1 Adelbert Alias ~~1.3 Claudia Conzerto~~	*3.3 Nena Nauer* ~~2.3 Heinz Hummer~~	3.3 Nena Nauer	
1.4 Damian Dinkel	*3.1 Livio Langenegger* ~~2.4 Karin Kunstmann~~	2.2 *3.4 Gabi Glitzer*	

Aussage	richtig	falsch	Korrektur
Die Veränderungen auf der Liste 2 sind ungültig.	☐	☐	
Auf der Liste 1 wurde kumuliert.	☐	☐	
Partei B hat drei Parteistimmen.	☐	☐	
Damit die leere Liste gültig ist, müsste noch die Parteibezeichnung hineingeschrieben werden.	☐	☐	

A26 In einer Berufsschulklasse mit 20 Lernenden wird ein Klassensprecher im Majorzverfahren gewählt. Der erste Wahlgang ergibt folgende Resultate: Heinrich: 7 Stimmen, Marlene: 6 Stimmen, Max: 3 Stimmen, Leer: 4 Wahlzettel

Beantworten Sie folgende Fragen:

Frage	Antwort
a) Wie gross ist das absolute Mehr?	
b) Wer ist gewählt?	
c) Was bewirken die Unzufriedenen mit ihren leeren Wahlzetteln?	
d) Wie könnte das Wahlprozedere weitergehen?	

Referendum, Initiative

A27 Worin unterscheiden sich Initiative und Referendum? Füllen Sie die folgende Tabelle aus.

a) Initiative

Frage	Antwort
Weitaus häufigste Art	
Mindestunterschriftenzahl	
Zeitfenster zum Sammeln	
Zweck	
Abstimmung/Mehrheit	

b) Referendum

Frage	Antwort	
Arten	fakultativ	obligatorisch
Mindestunterschriftenzahl		Eine vom
Zeitfenster zum Sammeln		beschlossene
		– Änderung,
Zweck		– Ergänzung oder
		– Teil- oder Totalrevision
		muss Volk und
		unterbreitet werden.
Abstimmung/Mehrheit		

A28 Ein obligatorisches Referendum benötigt das doppelte Mehr. Entscheiden Sie, bei welchem der folgenden Beispiele das doppelte Mehr erreicht ist.

Beispiel		Doppeltes Mehr
Volk: 1 200 000 Ja zu 1 100 000 Nein Stände: 11 Kantone Ja zu 12 Kantone Nein		☐
Volk: 1 200 000 Ja zu 1 100 000 Nein Stände: 11½ Kantone Ja zu 11½ Kantone Nein		☐
Volk: 1 200 000 Ja zu 1 100 000 Nein Stände: 12 Kantone Ja zu 11 Kantone Nein		☐

Entstehung eines Gesetzes

A29 Setzen Sie die Stationen im Gesetzgebungsprozess mit den Ziffern 1 bis 8 in die richtige Reihenfolge.

_____ Volksabstimmung, wenn das Referendum ergriffen wurde

_____ Vernehmlassung in Kantonen, bei Parteien, Verbänden usw.

_____ Inkrafttreten des Gesetzes

_____ Behandlung im National- und Ständerat

_____ Anstoss durch Bundesrat oder Parlament

_____ Veröffentlichung mit Referendumsfrist

_____ Vorentwurf durch Fachleute in einer Expertenkommission

_____ Definitiver Entwurf mit Botschaft ans Parlament

Interessengruppen/Parteien

A30   Ordnen Sie den Smartspidern der fünf wichtigsten Parteien der Schweiz die entsprechenden Partei-namen zu. Charakterisieren Sie aufgrund der Darstellungen die Grundhaltungen dieser Partei (nennen Sie mindestens zwei unterschiedliche Grundhaltungen).

Smartspider	Partei/Grundhaltungen

Smartspider	Partei/Grundhaltungen
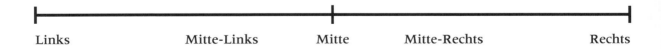	

A31 Entscheiden Sie, ob folgende Stichworte zu den Grundhaltungen der Parteien für «linke» oder «rechte Ansichten» stehen, und setzen Sie vor bzw. hinter die Aussage ein grosses L für links bzw. ein R für rechts.

	liberal (Freiheit und Selbstverantwortung)	sozial (Schwächere unterstützen)	
	konservativ (bestehende Ordnung erhalten)	progressiv (fortschrittlich, gesellschaftlich offen)	
	soziale Marktwirtschaft	liberale Marktwirtschaft	
	vertritt Interessen der Arbeitgebenden/ Arbeitgeberverbände	vertritt Interessen der Arbeitnehmenden/ Gewerkschaften	
	starke Landesverteidigung	Kürzungen der Armee-Ausgaben, Friedenspolitik	
	befürwortet aussenpolitische Öffnung/ EU-Beitritt eher	lehnt aussenpolitische Öffnung/EU-Beitritt eher ab	
	Service Public, staatliche Eingriffe zulasten Besserverdienenden/Grossunternehmen	freies Unternehmertum, Deregulierung der Wirtschaft	

A32 Tragen Sie die im Bundesrat vertretenen Parteien sowie die Grünen in das Links-Rechts-Schema ein. Ergänzen Sie den Strahl mit weiteren Ihnen bekannten Parteien.

Links   Mitte-Links   Mitte   Mitte-Rechts   Rechts

A33 Ordnen Sie den folgenden Aussagen die politischen Grundhaltungen «liberal», «links», «rechts», «konservativ» zu.

Aussage	Politische Grundhaltung
1. Die Militärausgaben sollten um die Hälfte gestrichen werden, um die AHV-Ausgaben zu sichern.	
2. Der Staat soll möglichst wenig in die Wirtschaft eingreifen, die reguliert sich von selber.	
3. Für die Bewahrung unserer Neutralität braucht es eine gut gerüstete Armee.	
4. Eine Mitbestimmung der Arbeitnehmenden würde vielen Betrieben gar nicht schaden.	
5. Asylsuchende müssen zu Zwangsarbeit ohne Lohn verpflichtet werden.	

A34 Recherchieren Sie zu den fünf grössten Parteien der Schweiz und tragen Sie deren Ansichten in die Tabelle ein, indem Sie die Abkürzung der jeweiligen Partei in die entsprechende Kolonne setzen.

Thema	ja	eher ja	nicht vorrangig	eher nein	nein
1. Beitritt zur EU					
2. Atomausstieg					
3. Ausbau des Sozialstaates					
4. Abbau des Sozialstaates					
5. Sanierung der Bundesfinanzen über höhere oder neue Steuern					
6. Verschärfung der Asyl- und Ausländerpolitik					
7. Abschaffung der allgemeinen Wehrpflicht					
8. Ökologische Politik					

A35 Der Wähleranteil der verschiedenen Parteien im Nationalrat hat sich in den vergangenen 40 Jahren markant verändert (siehe Grundlagenbuch, Seite 114 Parteienspektrum der Schweiz). Kommentieren Sie den Verlauf der fünf grössten Parteien.

SPS:

CVP:

FDP:

SVP:

GPS:

Verbände

A36 Ordnen Sie jedem Stichwort mindestens zwei Interessenverbände/Organisationen zu.

Stichwort	Verband/Organisation
Arbeitnehmerverband	
Arbeitgeberverband	
Verkehr	
Wohnen	
Umwelt	
Menschenrechte	

A37 Arbeitnehmerverbände und Arbeitgeberverbände haben unterschiedliche Interessen. Wie heisst der Arbeitnehmerverband, wie der Arbeitgeberverband in Ihrer Branche? Wie vertritt der Arbeitnehmerverband (die Gewerkschaft) Ihre Interessen?

Kreuzworträtsel

X1

Verwenden Sie die
Umlaute ä, ö und ü.

Waagrecht

7. Partei mit den meisten Sitzen im Nationalrat (Abkürzung)
9. Hat 200 Mitglieder
11. Repräsentiert die Kantone
12. Richterliche Behörde
13. Sitzung des Parlaments
19. Gesetzesreferendum (2 Worte)
22. Es wird zwischen aktivem und passivem unterschieden
23. Recht, zu einer Sachvorlage Ja oder Nein sagen zu dürfen

Senkrecht

1. Die Mehrheit der Stimmen ist ausschlaggebend (2 Worte)
2. Arbeitnehmerverband
3. Wird vor allem bei Parlamentswahlen angewendet

4. Volk und Stände müssen Ja sagen (2 Worte)
5. Benötigt 100 000 Unterschriften innerhalb von 18 Monaten
6. Eine der politischen Grundhaltungen
8. Kantone, Parteien, Verbände können Stellung zu einem Gesetzesentwurf nehmen
10. Die Staatsgewalt ist in der Hand eines Einzelnen
14. Fand 1918 in der Schweiz statt
15. Die Regierung
16. Staatsform der Schweiz seit 1848
17. Mehrheitswahl
18. Recht auf Leben ist ein ...
20. Setzt Recht, macht Gesetze
21. Eigenständigkeit der Kantone

Lernaufgabe

Interview mit einem engagierten Mitglied einer Interessengruppe

L1

Ausgangslage

Damit man in einer Demokratie die eigenen Interessen durchsetzen kann, ist es wichtig, sich mit Gleichgesinnten zusammenzuschliessen. Das ist der Grund, wieso sich Menschen sogenannten Interessengruppen, also Parteien und Verbände (siehe Kapitel 3.11), aber auch Nichtregierungsorganisationen NGO (siehe Kapitel 5.3), anschliessen. Indem sie sich gemeinsam für ihre Interessen engagieren, können sie die Politik beeinflussen.

Auftrag

Sie wählen eine Interessengruppe aus und kontaktieren ein Mitglied dieser Gruppe, das sich dort aktiv engagiert und bereit ist, sich mit Ihnen zu treffen. Sie erkundigen sich über die Publikationen der Interessengruppe (z. B. Homepage) zu deren Organisation und Interessen. Danach führen Sie ein Interview mit dem Mitglied durch.

Sie führen ein Interview durch (siehe Interview in Kapitel 10, Seite 315 f.) und dokumentieren die Fragen und Antworten. In einem Einführungstext stellen sie die Person und deren Interessengruppe kurz vor.

Mögliche Fragen:
- Wieso sind Sie Mitglied dieser Gruppe?
- Wie gross ist die Interessengruppe und wie finanziert sie sich?
- Welche Interessen vertritt die Gruppe.
- Welche Interessengruppen sind oft anderer Meinung als diese Gruppe. Wieso?
- Wo engagiert sich die Gruppe aktuell, damit sie ihre Interessen durchsetzen kann (Initiative usw.)
- Wie engagieren Sie sich in der Gruppe?
- Welche politischen Erfolge konnten in der Vergangenheit verbucht werden?
- Wieso sollte jemand zur Gruppe hinzustossen?

Produkt

Interview mit Einführungstext und Schluss/Reflexion

Kriterien

- Das Interview (mit Einführung und Schluss/Reflexion) ist informativ und reichhaltig.
- In der Einführung werden die Person und die Interessensgruppe verständlich vorgestellt.
- Es werden relevante Fragen gestellt und beantwortet.
- Das Interview ist gut strukturiert und sprachlich korrekt.

Individuelle Lösungen

Kapitel 4
Risiko und Verantwortung

Aufgaben

Risiken

A1   Sie planen mit Kollegen eine Ski-Tour in den Bergen. Halten Sie stichwortartig fest, was Sie auf den drei Ebenen vorkehren.

Ebene	Vorkehrungen
1. Risiken erkennen	• • •
2. Risiken vermeiden	• • •
3. Folgen von Risiken absichern	• • •

A2   Erklären Sie anhand eines praktischen Beispiels und in vollständigen Sätzen, warum die Risiken neuer Technologien höher eingeschätzt werden als Risiken von Bekanntem.

A3   Beschreiben Sie am Beispiel Alkohol den Unterschied zwischen Genuss- und Suchtmitteln in vollständigen Sätzen.

A4 Beschreiben Sie in Stichworten, was Sie persönlich gegen die folgenden Feststellungen zur Bewegungsarmut und zur falschen Ernährung tun könnten.

Feststellung	Persönliche Empfehlung
Wir bewegen uns zu wenig.	
Wir essen zu süss.	
Wir essen zu fettig.	
Wir essen zu ballaststoffarm.	
Wir essen zu schnell.	
Wir essen zu viel.	

A5 Setzen Sie im folgenden Text die zutreffenden Begriffe in die Lücken.
Beisammensein, Strassenverkehr, Gesundheit, Starrkrampf, Bewegung, übermässiger Alkoholkonsum, negativen, Entspannung (2x), ungeschützten Geschlechtsverkehr, übersetzte Geschwindigkeit, Krankheiten, Unfälle, gesundes, Ernährung, SUVA-Richtlinien, Risiken, unterschätzen, lernen, Aids, Fehler, Schwächen, Schlaf, Selbstwertgefühl, Impfungen, Hepatitis

Vorbeugende Massnahmen wie _____, _____ und ausgewogene _____ sind zentral für unsere _____. Verschiedene _____ schützen uns vor _____ wie zum Beispiel _____ oder _____.

Zwar kann man _____ heute mit Medikamenten unter Kontrolle halten, doch wird das HI-Virus noch immer durch _____ übertragen.

Jeder Tote im _____ ist einer zu viel. Häufigste Unfallursachen sind _____ und _____.

Um am Arbeitsplatz _____ zu vermeiden, sollte man die _____ unbedingt befolgen. In der Freizeit sollte man die _____ nicht _____.

Das Wort «Stress» wird heute sehr häufig verwendet, ohne an die _____ Folgen zu denken. Erholung oder _____ finden wir zum Beispiel in genügend _____ oder geselligem _____. Das steigert auch unser _____. Wer ein _____ Selbstwertgefühl hat, kann _____ eingestehen, _____ zugeben und daraus _____.

A6   Was verstehen Sie unter Gesundheit? Notieren Sie sich einige Stichworte, was Gesundheit für Sie persönlich im Alltag bedeutet.

_____

_____

_____

_____

A7   Notieren Sie verschiedene Sprichwörter zum Thema Gesundheit. Recherchieren Sie dazu unter anderem im Internet.

_____

_____

_____

_____

_____

A8   Gesundheit wird in die drei Bereiche körperliches, geistiges und soziales Wohlergehen aufgeteilt. Ordnen Sie die Buchstaben A, B und C den Beschreibungen in der Tabelle korrekt zu.
A = Körperliches Wohlergehen, B = Geistiges Wohlergehen, C = Soziales Wohlergehen

1. Selbstsicherheit in der Kommunikation

2. Gesunde Ernährung: Obst, Gemüse, Fisch, wenig Fleisch, Eier, Milch, Kartoffeln, Hülsenfrüchte usw.

3. Konfliktfähigkeit und Bereitschaft zur Versöhnung

4. Ausreichende körperliche Bewegung an der frischen Luft (Sport, Spiel, Arbeit), keine Überanstrengungen

5. Erlebnisse mit Erinnerungswert

6. Geliebt werden und selbst lieben können

7. Fasten: z. B. Ernährung mit Gemüse, Obst, Hülsenfrüchten

8. Sich als wertvoll empfinden; Selbstachtung, Selbstvertrauen; Erfolg und Anerkennung privat und am Arbeitsplatz

9. Gesicherte Umwelt: Kleidung, Unterkunft, Wärme, Schutz vor Gefahren

10. Genug Schlaf, Zeiten der Ruhe, Entspannung, keine Hetze

11. Verbundenheit zu Partnerin oder Partner, Freunden, Nachbarn

12. Gute Arbeitsbedingungen, keine dauernde Überforderung

13. Vertrauen in andere Personen

14. Wissen um die eigenen Rechte im Umgang mit Behörden und Fachpersonen

15. Sicherheit: Gefühl der Geborgenheit, Religion, Lebenssinn; politische und wirtschaftliche Sicherheit

16. Freiheit: Gedankenfreiheit, Redefreiheit, Berufswahl, Partnerwahl

17. Soziale Unterstützung zur Bewältigung von Problemen

A9 Analysieren Sie Ihren Lebensstil (Bewegung, Ernährung, Stress, Sucht- und Genussmittel, Selbstwertgefühl). Wie sieht es zurzeit aus? Welche Verbesserungsmöglichkeiten sehen Sie?

_____

_____

_____

_____

Versicherungen

A10 Beschreiben Sie mit eigenen Worten und in zwei bis drei vollständigen Sätzen, wie das Prinzip der kollektiven Risikoübernahme (Solidaritätsprinzip) funktioniert.

_____

_____

_____

_____

_____

A11 Vervollständigen Sie die Grafik.

Das Dreisäulenprinzip

Das Vorsorgekonzept der Schweiz

1. Säule	2. Säule	3. Säule	
			Bezeichnung
			Beispiel
			Oblig./nicht obligatorisch
			Ziel

A12 Vervollständigen Sie folgende Tabelle:

Abkürzung	Vollständiger Begriff	Versichert das ...		Im Fall von ...	Obligatorisch	Freiwillig
		Einkommen	Vermögen			
AHV		☐	☐		☐	☐
IV		☐	☐		☐	☐
EO		☐	☐		☐	☐
ALV		☐	☐		☐	☐
NBU		☐	☐		☐	☐
BU		☐	☐		☐	☐
BVG		☐	☐		☐	☐
	Kaskoversicherung	☐	☐		☐	☐
	Hausratversicherung	☐	☐		☐	☐
	Motorfahrzeughaftpflichtversicherung	☐	☐		☐	☐
	Krankenversicherung	☐	☐		☐	☐
	Privathaftpflicht	☐	☐		☐	☐
	Gebäudeversicherung	☐	☐		☐	☐
	Lebensversicherung	☐	☐		☐	☐

A13 Füllen Sie die nachstehende Tabelle zu Ihrer eigenen Krankenversicherung (Grundversicherung) aus. Unter www.comparis.ch finden Sie die nötigen Angaben.

Name Versicherung				
Franchise	Fr. 300.–	Fr. 1000.–	Fr. 1500.–	Fr. 2500.–
Prämie in Fr. pro Monat				

a) Markieren Sie das Feld farbig, welches Ihrer jetzigen Prämie entspricht.

b) Vergleichen Sie den Betrag mit den anderen Beträgen. Was können Sie dazu sagen? Welche Franchise entspricht Ihren Bedürfnissen am meisten? Warum? Nehmen Sie in zwei bis drei vollständigen Sätzen Stellung dazu.

A14 Nennen Sie Möglichkeiten, um bei den Krankenkassenprämien zu sparen.

A15 Um eine passende Krankenkasse zu finden, gehen Sie am besten in drei Schritten vor. Die grafische Darstellung bei den Zusatzmaterialien bildet das Vorgehen anschaulich ab:
http://mehr.hep-verlag.ch/gesellschaft-c-arbeitsheft.
Halten Sie die wichtigsten Punkte zu den drei Schritten in je zwei bis drei ganzen Sätzen fest.

A16 Eine erwachsene Person mit Grundversicherung und minimaler Franchise muss innerhalb eines Jahres dreimal zum Arzt. Berechnen Sie die Kosten für die versicherte Person sowie die Kosten für die Krankenkasse.

1. Arztrechnung vom 28. April: Fr. 220.–

2. Arztrechnung vom 13. Juni: Fr. 350.–

3. Arztrechnung vom 5. Dezember: Fr. 245.–

Die Franchise beträgt Fr. 300.–

1. Arztrechnung vom 28. April: Fr. 220.–

    a) Kosten für den Versicherten:

       – Franchise   Fr.

       – Selbstbehalt   Fr.

       Total   Fr.

    b) Kosten für die Krankenkasse   Fr.

2. Arztrechnung vom 13. Juni: Fr. 350.–

    a) Kosten für den Versicherten:

       – Franchise: Restbetrag bis Fr. 300.–   Fr.

       – Selbstbehalt: Fr. 270.– × 10%   Fr.

       Total   Fr.

    b) Kosten für die Krankenkasse: Fr. 350.– – 107.–   Fr.

3. Arztrechnung vom 5. Dezember: Fr. 245.–

    a) Kosten für den Versicherten:

       – Franchise   Fr.

       – Selbstbehalt: Fr.   Fr.

       Total   Fr.

    b) Kosten für die Krankenkasse: Fr.   Fr.

Totale Kostenbeteiligung des Versicherten:

Fr.   Fr.

Totale Kosten für die Krankenkasse   Fr.

A17 Ordnen Sie die Leistungen der Krankenversicherung der Grundversicherung oder der Zusatzversicherung zu. Verbinden Sie jede Leistung mit der passenden Versicherung.

Versicherung	Leistung
Grundversicherung	Zweier- oder Einzelzimmer bei Spitalaufenthalt allg. Abteilung
	Spitalaufenthalt allg. Abteilung
	Zahnkorrektur
Zusatzversicherung	Verordnete Medikamente
	Spitaltaggeld

A18 Entscheiden Sie, welche Versicherung im Fallbeispiel zuständig ist und setzen Sie das Kreuz an der entsprechenden Stelle.

Fallbeispiel	Berufsunfall-versicherung	Nicht-berufsunfall-versicherung	Krankenkasse
1. Martin ist schnell auf den Skiern unterwegs und fährt ungebremst in Luisa. Luisa bricht sich dabei den Arm.	☐	☐	☐
2. Herr Münger erleidet einen Herzinfarkt.	☐	☐	☐
3. Pia fällt in der Berufsfachschule die Treppe hinunter und zieht sich eine Bänderzerrung zu.	☐	☐	☐
4. Auf dem Nachhauseweg von der Arbeit fährt Max mit seinem Fahrrad in ein stehendes Auto. Dabei quetscht er sich eine Rippe.	☐	☐	☐
5. Marisa ist im dritten Monat schwanger.	☐	☐	☐
6. Laura stürzt beim Räumen im Estrich von der Leiter und bricht sich den Daumen.	☐	☐	☐
7. Tim arbeitet als Bäcker und entwickelt eine Mehlallergie.	☐	☐	☐

A19 Suchen Sie SUVA-Vorschriften, die in Ihrem Beruf beachtet werden müssen, um einen Unfall zu verhindern. Stellen Sie die Vorschriften auf einem Plakat dar und begründen Sie diese.

A20 Aufgrund der Überalterung unserer Gesellschaft spricht man von einem zukünftigen Finanzierungs-problem bei der AHV. Zeigen Sie drei mögliche Wege auf, wie man dieses Problem in Zukunft lösen könnte. Beurteilen Sie die gefundenen Lösungen aus Ihrer Sicht.

A21 Welche Versicherung kommt in den folgenden Fallbeispielen für den Schaden auf?

Fallbeispiel	Versicherung
1. Ein Motorradfahrer touchiert auf dem Zebrastreifen eine alte Dame.	
2. Nach einem Hagelschauer ist Yaniks Auto mit unzähligen Dellen übersät.	
3. Beim Einparken zerkratzt Julia die Front ihres neuen Autos.	
4. Kimo hustet stark, er muss seine Lunge röntgen lassen.	
5. Amélie ist unachtsam und fährt mit ihrem Auto ins Heck des vorderen Autos.	
6. Luc verletzt sich am Arbeitsplatz an der Hand.	
7. Aufgrund einer brennenden Kerze, die Sie im Wohnzimmer vergessen haben auszulöschen, brennt das Wohnzimmer aus.	
8. Durch einen Sturm wird das Dach eines Wohnhau-ses teilweise abgedeckt.	

A22 Bei der Invalidenversicherung (IV) gilt der Grundsatz «Eingliederung vor Rente». Erklären Sie diesen Grundsatz in eigenen Worten.

A23 Liegt die vereinbarte Versicherungssumme bei einer Hausratversicherung unter dem effektiven Wiederbeschaffungswert, spricht man von Unterversicherung.

a) Beschreiben Sie zwei mögliche Gründe, wie eine Unterversicherung entstehen kann.

b) Wie viel bezahlt die Versicherung in diesem Fall?

Wert des Mobiliars   Fr. 100 000.–
Versicherungswert   Fr. 80 000.–
Schaden   Fr. 60 000.–

A24 Ordnen Sie die folgenden Begriffe den richtigen Beschreibungen zu.
Bonus, Versicherungsbetrug, Selbstbehalt, Regress, Einzelabrede, Rente

Beschreibung	Begriff
1. Rückgriff auf den Versicherten	
2. Ungerechtfertigter Bezug von Versicherungsleistungen	
3. Betrag, den die Versicherung regelmässig ausbezahlt	
4. Verlängerung der Unfallversicherung nach Austritt aus dem Unternehmen	
5. Kostenbeteiligung des Versicherten	
6. Prämienreduktion für unfallfreies Fahren	

A25 In der obligatorischen Motorfahrzeughaftpflichtversicherung ist ein Selbstbehalt für Neulenker und Junglenker unter 25 Jahren festgelegt. Begründen Sie, warum die Versicherungsgesellschaften diesen Selbstbehalt eingeführt haben.

Energie und Umwelt

A26 Der ökologische Fussabdruck der Schweiz ist fast viermal so gross wie die Biokapazität, das heisst, wir belasten die Umwelt stärker, als sie sich regenerieren kann. Anders ausgedrückt: Wenn alle Menschen auf der Welt so leben würden wie wir, bräuchte es vier Welten.

a) Berechnen Sie auf der Internetseite www.wwf.ch Ihren eigenen Fussabdruck.

b) Wo sehen Sie Möglichkeiten, Ihren Fussabdruck zu verringern? Zeigen Sie vier solche Veränderungen auf, die für Sie selbst im Alltag umsetzbar sind.

c) Vergleichen Sie nun Ihre Notizen mit anderen Lernenden und ergänzen Sie allenfalls Ihre Antworten.

A27 a) Beschreiben Sie in zwei bis drei korrekten Sätzen die Entwicklung der fossilen Energieträger.

b) Formulieren Sie eine weitere Aussage zur Grafik.

c) Interpretieren Sie Ihre Aussagen.

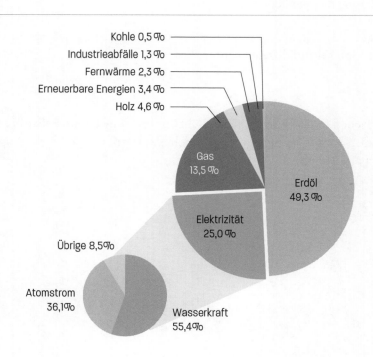

A28 Welche Aussagen zum steigenden Energieverbrauch sind richtig, welche falsch?

Aussage	richtig	falsch
1. Der Energieverbrauch der Industrieländer nimmt seit den 1970er-Jahren weiterhin stark zu.	☐	☐
2. Die stetig wachsende Weltbevölkerung führt zu einem dramatischen Energieverbrauch.	☐	☐
3. 60 % des weltweiten Energiebedarfs werden mit nicht erneuerbaren fossilen Energieträgern abgedeckt.	☐	☐
4. Erneuerbare Energieträger sind Sonne, Wind und Geothermie.	☐	☐
5. Die Schweiz hat als Wasserschloss Europas kein Energieproblem.	☐	☐
6. Der Einsatz von fossilen Energieträgern führt weltweit zur Erwärmung des Klimas.	☐	☐
7. Die Schweiz ist in der Nutzung erneuerbarer Energieträger führend.	☐	☐

A29 a) Warum müssten wir mit dem Wasser sorgfältiger umgehen, wenn doch die Erdoberfläche zu zwei Dritteln aus Wasser besteht? Schreiben Sie vollständige Sätze und verwenden Sie die Begriffe *Salzwasser*, *Süsswasser* und *Trinkwasser*.

....

....

b) Nennen Sie die drei «Nassbereiche», wo wir am meisten Trinkwasser «verschwenden».

1. ....

2. ....

3. ....

A30 Studieren Sie die Grafik zum weltweiten Wassermangel im Grundlagenbuch (siehe Seite 148, Ressourcenverbrauch am Beispiel Wasser)

a) Halten Sie zwei treffende Aussagen fest.

....

....

b) Welche Probleme könnte der Wassermangel hervorrufen? Begründen Sie Ihre Antwort.

....

....

A31 Betrachten Sie die Grafik zum Wasserverbrauch pro Person und Tag im Grundlagenbuch (siehe Seite 148, Ressourcenverbrauch am Beispiel Wasser).

a) Was stellen Sie fest? Formulieren Sie zwei Aussagen.

....

....

b) Halten Sie mögliche Erklärungen davon fest.

....

A32 Betrachten Sie die Grafik zum Wasserverbrauch in einem Haushalt im Grundlagenbuch (siehe Seite 148, Ressourcenverbrauch am Beispiel Wasser).

a) Formulieren Sie zwei sachliche Aussagen zur Grafik.

b) Wie können Bewohner in der Stadt St. Gallen Wasser sparen? Formulieren Sie drei Tipps.

A33 Während Hunderte Millionen Menschen kein sauberes Trinkwasser haben, gehen wir verschwenderisch damit um. Wie könnten Sie Ihren ganz persönlichen Wasserverbrauch verringern?

A34 Welche Aussagen zu den Folgen des Treibhauseffekts sind richtig, welche falsch?

Aussage	richtig	falsch
1. Die Zunahme von Felsstürzen ist mit dem fehlenden Permafrost zu erklären.	☐	☐
2. Wenn das Eis an den Polen abschmilzt, hat das kaum Auswirkungen auf die Küstenregionen der Weltmeere.	☐	☐
3. Höhere Temperaturen des Meerwassers begünstigen die Hurrikan-Bildung. Küstenregionen sind zunehmend gefährdet.	☐	☐
4. Erhöhte Temperaturen sind für die Menschen in unseren Breitengraden nützlich, da wir dadurch bessere Lebensbedingungen vorfinden.	☐	☐
5. Korallenriffe leiden stark unter erhöhten Wassertemperaturen, da sie lebensnotwendige Algen abstossen und somit selbst absterben.	☐	☐
6. Meereslebewesen suchen sich infolge der Erwärmung der Wassertemperatur neue Lebensräume und gelangen so in Regionen, in welchen sie zuvor nicht heimisch waren.	☐	☐

A35 Der Energiehunger der Welt wird zu über 75 Prozent durch nichterneuerbare Energieträger gestillt, was zu einer globalen Erwärmung führt.

a) Welche Folgen hat die globale Erwärmung weltweit?

b) Welche Folgen hat die globale Erwärmung für die Schweiz?

A36 Setzen Sie hinter jedes umweltpolitische Instrument ein Beispiel aus der Praxis.

Instrument	Beispiel
Verbote	
Appelle	
Nachsorge	
Anreize	

A37 Setzen Sie im folgenden Text die zutreffenden Begriffe in die Lücken.
Ressourcen (2x), ökologischen, Substanz, Bedürfnisse, Gesellschaft (2x), Verschwendung, Erträgen, Generationen, Nachhaltigkeit

Nachhaltige Wirtschaftsentwicklung befriedigt _____ der gegenwärtigen

_____ , ohne damit die Bedürfnisse späterer _____ zu gefährden.

Nachhaltigkeit steht im Gegensatz zu _____ und Plünderung von

_____ . Nachhaltigkeit heisst von den _____ leben, nicht von der

_____ .

Die Artenvielfalt der Tiere oder das Klima zu schützen, gehört zur _____ Nachhaltig-

keit.

Mit sozialer _____ meint man zum Beispiel eine lebenswerte _____

für alle.

Verantwortungsvoller Umgang mit den natürlichen _____ bedeutet auch ökonomi-

sche Nachhaltigkeit.

A38 Das Modell der 2000-Watt-Gesellschaft sieht vor, den Energiebedarf pro Kopf auf 2000 Watt zu senken. Welche Auswirkungen hätte das für die Schweizer Bevölkerung? Wie könnten wir Energie sparen?

A39 Vervollständigen Sie den folgenden Text, indem Sie die zutreffenden Begriffe in die Lücken setzen.
Solarenergie, Betriebsdauer, Kernkraftwerke, Stimmvolk, Senkung, Förderung, Atomenergie, energieeffizi-ente, Geothermie, Energiestrategie

2017 hat das Schweizer _____ ein Massnahmenpaket angenommen, die sogenannte _____ 2050. Es baut auf drei Bereichen auf. Erstens steigt die Schweiz aus der _____ aus. Sie wird nach Ablauf der sicherheitstechnischen _____ der bestehenden AKWs keine neuen _____ mehr bauen. Eine weitere Massnahme ist die _____ des Energieverbrauchs. Der Staat unterstützt weiterhin Hauseigen-tümer finanziell, die ihre Häuser so sanieren, dass sie weniger Energie verbrauchen. Zudem sol-len _____ Elektrogeräte und Fahrzeuge gefördert werden. Der dritte Bereich der Energiestrategie 2050 betrifft die _____ erneuerbarer Energien wie zum Beispiel _____ oder _____ .

A40 Die «Energiestrategie 2050» kann grob in drei Bereiche aufgeteilt werden. Ergänzen Sie jeden Bereich gemäss den Vorgaben.
- Energieverbrauch senken: Wie sieht Ihr Beitrag aus?
- Erneuerbare Energien stärker fördern: Welche Chancen und Risiken sehen Sie?
- Keine neuen Kernkraftwerke: Ist das Ihrer Ansicht nach machbar?

Vergleichen Sie nun Ihre Notizen mit anderen Lernenden und ergänzen Sie allenfalls Ihre Antworten.

Kreuzworträtsel

X1

Verwenden Sie die Umlaute ä, ö und ü.

Waagrecht

2. Zeigt, wie stark der Mensch die Umwelt belastet (2 Worte)
3. Den Teil einer Arztrechnung (–10%), den ich selber bezahlen muss, nennt man ...
6. Nicht nur, aber auch eine Form von Jugendgewalt (2 Worte)
11. Davon macht die Versicherung bei grobfahrlässigem Handeln Gebrauch
14. Nichterneuerbarer Energieträger
16. Schäden, welche anderen zugefügt wurden, decken die ...
18. Zahle ich Monat für Monat der Krankenkasse, egal ob ich gesund oder krank bin
19. «Alle für einen, einer für alle»

Senkrecht

1. Schaden am eigenen Fahrzeug deckt die ...
4. Ein Nummernschild erhält nur, wer eine ...-Versicherung nachweisen kann
5. Jahresbetrag, den ich für anfallende Gesundheitskosten selber bezahle
7. Ein legales Suchtmittel
8. Leistungen für Badekuren oder Zahnbehandlungen deckt die ...
9. Wenn man nur so viel Holz schlägt, wie durch Aufforstung nachwachsen kann, so handelt man im Sinne der ...
10. Der Kohlendioxid-Ausstoss erhöht den ...
12. Das Gegenteil von Erholung
13. Folgen des Klimawandels in unseren Bergen
15. Eine Prämienreduktion bei unfallfreiem Fahren
17. Den planvollen Umgang mit Risiken nennt man ...

Lernaufgaben

Die persönliche Risikobereitschaft einschätzen

L1

Lernziel
- Sie beurteilen Risiken und Gefahren, denen Menschen ausgesetzt sind.
- Sie können Ihre Risikobereitschaft einschätzen.
- Sie kennen den Zusammenhang zwischen Angst und Risikobereitschaft.

Auftrag
- Bilden Sie eine Gruppe von drei bis maximal fünf Personen.
- Schätzen Sie in der Tabelle Ihre Angst mit der Skala 0–10 ein: 0 = keine Angst/5 = mittel/10 = grosse Angst. Kreuzen Sie danach an, ob Sie das Risiko eingehen würden oder nicht.
- Vergleichen und diskutieren Sie anschliessend Ihre Einschätzungen in der Gruppe.

Kompetenzen
- Über die persönlichen Ängste und die eigene Risikobereitschaft nachdenken und diese einschätzen können.
- Zusammenhang zwischen Angst und Risikobereitschaft erkennen und verstehen **können**.

Nr.	Risikosituation	Angst 0 – 10	Risiko eingehen?	
1	Unvorbereitet an eine wichtige Prüfung gehen.		☐ ja	☐ nein
2	Während einer Prüfung einen Spickzettel benützen.		☐ ja	☐ nein
3	Bei jemanden ins Auto steigen, der getrunken hat.		☐ ja	☐ nein
4	Abseits einer gesperrten Piste snowboarden.		☐ ja	☐ nein
5	Ohne Helm mit dem Bike durch den Wald fahren.		☐ ja	☐ nein
6	Alleine einen 50 Meter breiten Fluss durchschwimmen.		☐ ja	☐ nein
7	Von einem 5-Meter-Turm ins Wasser springen.		☐ ja	☐ nein
8	Mit dem Fallschirm aus 2000 Metern Höhe hinunterspringen.		☐ ja	☐ nein
9	Bei einem heftigen Streit zwischen Jugendlichen eingreifen.		☐ ja	☐ nein
10	Den Chef in einer Sitzung kritisieren.		☐ ja	☐ nein

Unfallrisiko bei Sportarten beurteilen

L2

Auftrag

- Bilden Sie eine Gruppe von 3 bis max. 5 Personen.
- Schätzen Sie zuerst spontan das Unfallrisiko der unten aufgelisteten Sportarten ein.
- Recherchieren Sie anschliessend im Internet das Unfallrisiko der Sportarten.
- Beurteilen Sie danach das Risiko aufgrund der Recherchen erneut.
- Bei welchen Sportarten liegen Sie mit der spontanen Einschätzung richtig? Bei welchen Sportarten gibt es Unterschiede?
- Wählen Sie eine Sportart mit einem hohen Unfallrisiko aus. Nennen Sie drei bis fünf Massnahmen, mit denen man dem Unfallrisiko vorbeugen kann.

Lernziele

- Sie können aus den gebräuchlichsten Informationsquellen mit Hilfe klarer Suchstrategien Informationen beschaffen und diese kritisch beurteilen.
- Sie können im Internet gezielt nach Informationen suchen, diese verarbeiten und daraus Schlüsse ziehen.
- Sie können Unterschiede zwischen subjektiver Einschätzung und objektiver Beurteilung erkennen und begründen.

Nr.	Sportart	Spontane Einschätzung des Unfallrisikos			Beurteilung nach der Internet-Recherche		
1	Fussballspielen	☐ tief	☐ mittel	☐ hoch	☐ tief	☐ mittel	☐ hoch
2	Boxen	☐ tief	☐ mittel	☐ hoch	☐ tief	☐ mittel	☐ hoch
3	Schwimmen	☐ tief	☐ mittel	☐ hoch	☐ tief	☐ mittel	☐ hoch
4	Skifahren	☐ tief	☐ mittel	☐ hoch	☐ tief	☐ mittel	☐ hoch
5	Fitnesstraining	☐ tief	☐ mittel	☐ hoch	☐ tief	☐ mittel	☐ hoch
6	Bergwandern	☐ tief	☐ mittel	☐ hoch	☐ tief	☐ mittel	☐ hoch
7	Radfahren	☐ tief	☐ mittel	☐ hoch	☐ tief	☐ mittel	☐ hoch
8	Bungee-Jumping	☐ tief	☐ mittel	☐ hoch	☐ tief	☐ mittel	☐ hoch
9	Fallschirmspringen	☐ tief	☐ mittel	☐ hoch	☐ tief	☐ mittel	☐ hoch
10	Reiten	☐ tief	☐ mittel	☐ hoch	☐ tief	☐ mittel	☐ hoch
11	Rudern	☐ tief	☐ mittel	☐ hoch	☐ tief	☐ mittel	☐ hoch
12	Yoga	☐ tief	☐ mittel	☐ hoch	☐ tief	☐ mittel	☐ hoch

Ausgewählte Sportart: ....

Risikoprävention, Massnahmen: ....

....

Flyer mit Ernährungstipps erstellen

L3

Auftrag
- Bilden Sie ein Team von 3 bis max. 4 Personen.
- Gestalten Sie einen Flyer im A5-Format mit maximal 10 Tipps für eine gesunde Ernährung.
- Recherchieren Sie im Internet. Achten Sie darauf, dass die Quellen sachlich und neutral sind (keine offene oder versteckte Produktewerbung!).
- Formulieren Sie die Tipps wie folgt: Essen Sie.../Trinken Sie..., Achten Sie auf.../Vermeiden Sie... etc. Fügen Sie kurze Erklärungen und Begründungen an.
- Tauschen Sie zwischen den Gruppen die Flyer aus. Geben Sie zum Inhalt und zur Gestaltung ein Feedback; erwähnen Sie zuerst, was Ihnen besonders gut gefällt. Formulieren Sie Kritik in Form von Fragen: Weshalb habt ihr...?/Was ist gemeint mit...?

Kompetenzen
- Sie können im Internet gezielt nach Informationen suchen und diese kritisch prüfen.
- Sie können aus den gebräuchlichsten Informationsquellen mit Hilfe klarer Suchstrategien Informationen beschaffen und diese kritisch beurteilen.
- Sie können Wichtiges in Form von Tipps zusammenfassen und als attraktiven Flyer gestalten.
- Sie können strukturiert und effizient zusammenarbeiten.
- Sie können konstruktiv und sachbezogen Feedback geben.

Individuelle Lösungen

Auswirkungen der Klimaveränderung

L4

Lernziele Gesellschaft:
- Sie zeigen Ursachen, Zusammenhänge und Folgen von ökologischen Veränderungen auf.
- Sie begründen, weshalb ökologische Probleme nur in internationaler Zusammenarbeit gelöst werden können.
- Sie vertiefen Ihre Kenntnisse zu den Auswirkungen der Klimaerwärmung auf bestimmte Bereiche unserer Umwelt.
- Sie formulieren Ihren persönlichen Beitrag zu umweltbewusstem Handeln anhand konkreter Beispiele.

Lernziele Sprache und Kommunikation:
- Sie erstellen einen Vortrag zum Ihnen zugeteilten Thema und präsentieren diesen der Klasse. Anschliessend an den Vortrag können Sie auf Fragen Ihrer Mitlernenden korrekt antworten.
- Sie vertiefen Ihre Präsentationstechnik.
- Sie können eine PowerPoint-Präsentation mit allen relevanten Informationen erstellen.
- Sie sind fähig, eine kurze Filmsequenz in eine PowerPoint-Präsentation einzubauen.

Die Klimaerwärmung hat Auswirkungen auf folgende Bereiche unserer Umwelt:
- Wetter (Niederschläge, Trockenheit, Stürme usw.)
- Temperaturen (regionale Veränderungen, Auswirkungen auf Mensch und Tier, Schmelzen von Pol-Eis usw.)
- Pollen (Stärkere Allergien, Fortpflanzung von Pflanzen usw.)
- Meeresspiegel (Überschwemmungen von Küstenregionen, Städten, Inseln usw.)
- Korallen (Auswirkungen auf deren Entwicklung, Fortpflanzung, Nahrungsgrundlage)
- Pol-Eis (Ansteigen des Meeresspiegels, Veränderung der Meerestemperatur)
- Alpengletscher (Veränderungen der Landschaft, Gefahren für Mensch und Tier)
- Permafrost (Veränderungen der Landschaft, Gefahren für Mensch und Tier)
- Meerestiere (Auswirkungen auf deren Entwicklung, Fortpflanzung, Nahrungsgrundlage)

Arbeitsauftrag
- Recherchieren Sie in Gruppen von zwei – drei Lernenden zu dem von Ihnen ausgewählten/zugeteilten Thema.
- Erstellen Sie eine PowerPoint-Präsentation mit allen wichtigen Informationen (Auswirkungen, Folgen, zukünftige Probleme).
  Achten Sie darauf, dass Ihre PPT-Präsentation möglichst wenig Text beinhaltet. Arbeiten Sie mit Bildern, Grafiken.
- Bauen Sie einen Kurzfilm (ca. 2 – 3 min.) in Ihre Präsentation ein.
- Die Präsentation soll gesamthaft 5 – 7 min. dauern.
- Nach der Präsentation stellen Sie sich den Fragen der Klasse und können diese, wenn immer möglich, beantworten.

Zur Verfügung stehende Zeit zur Erarbeitung des Vortrages: 60 min.
Bewertung:

Kriterien	5	4	3	2	1	0	Belege Feststellungen	Max. Punkte: 5
Sachkompetenz	☐	☐	☐	☐	☐	☐		
Auf das Wesentliche beschränkt	☐	☐	☐	☐	☐	☐		
Kenntnisse verfügbar, präsent	☐	☐	☐	☐	☐	☐		
Geht auf Fragen der Lehrperson und der Lernenden ein und beantwortet sie richtig	☐	☐	☐	☐	☐	☐		
Aufbau	☐	☐	☐	☐	☐	☐		
Übersicht über Inhalt der Präsentation	☐	☐	☐	☐	☐	☐		
Einleitung und Begründung der Themenwahl	☐	☐	☐	☐	☐	☐		
Hauptteil mit logischem Aufbau	☐	☐	☐	☐	☐	☐		
Schluss mit inhaltlichem und persönlichen Erkenntnisgewinn	☐	☐	☐	☐	☐	☐		
Sprachlicher Ausdruck	☐	☐	☐	☐	☐	☐		
Freie, fliessende Rede	☐	☐	☐	☐	☐	☐		
Sprechtempo und Lautstärke angemessen	☐	☐	☐	☐	☐	☐		
Verständliche, abwechslungsreiche und korrekte Sprache und Formulierungen	☐	☐	☐	☐	☐	☐		
Auftreten/Haltung	☐	☐	☐	☐	☐	☐		
Sicher und überzeugend	☐	☐	☐	☐	☐	☐		
Guten Kontakt zu den Adressaten	☐	☐	☐	☐	☐	☐		
Medien/Anschauungsmaterial	☐	☐	☐	☐	☐	☐		
Qualität der Medien und des Anschauungsmaterials	☐	☐	☐	☐	☐	☐		
Anschauungsmaterial und Medien werden sinnvoll und zweckmässig eingesetzt	☐	☐	☐	☐	☐	☐		
Total								
Abzug für zu kurze und zu lange Präsentation (Vorgabe 5-7 Minuten)								
Total								Note

Punkte-Bewertung:
5 = ausgezeichnet
4 = gut
3 = genügend
2 = mangelhaft
1 = ungenügend
0 = nicht erfüllt

Individuelle Lösungen

Erneuerbare und nicht-erneuerbare Energieträger

L5

Lernziele
- Sie unterscheiden zwischen erneuerbaren und nicht erneuerbaren Energieträgern und beschreiben deren wesentlichen Vor- und Nachteile.
- Sie können Artikel und Beiträge zu Themen von persönlichem und allgemeinem Interesse aus verschiedenen Quellen und Medien schriftlich zusammenfassen und verstehen.

Auftrag
Jede Gruppe befasst sich mit einem Energieträger, erneuerbar oder nicht, stellt die wichtigsten Hintergrundinformationen als aussagekräftiges Informationsdossier zusammen und präsentiert die Arbeit der Klasse als Kurzvortrag. Das Dossier kann als Arbeitsblatt, Broschüre oder Leporello gestaltet werden. Zudem suchen Sie einen geeigneten Kurzfilm, der den Energieträger und v. a. dessen Nutzen vorstellt.

Inhalt Informationsdossier
- Entstehung/Gewinnung der Energie
- Vorkommen
- Finanzierung
- Umweltverträglichkeit
- Anbieter
- Vor- und Nachteile
- Aussagekräftige Darstellungen/Bilder
- Verbreitung
- Link zum Film (ca. 5 min., längere Filme in Absprache mit der Lehrperson)
- Drei passende, aussagekräftige Fragen zum Film
- Alle Quellen müssen vollständig und nachvollziehbar angegeben sein (Beispiel: Quelle 1: *https:// de.wikipedia.org/wiki/Windenergie*, Zugriffsdatum: 12.02.20)

Umfang Informationsdossier
Zwei bis vier A4 Seiten

Präsentation
Die Präsentation wird als Gruppenpräsentation gestaltet, alle Gruppenmitglieder haben gleich viel Präsentationszeit. Weitere Hilfsmittel können gestaltet werden. Der Film muss zielgerichtet eingesetzt werden. Die Fragen müssen während der Präsentation bearbeitet werden. Die Gruppe steht für ein kurzes Prüfungsgespräch zur Verfügung.

Umfang Informationsdossier
Zwei bis vier A4 Seiten

Hilfsmittel
- Lehrmittel Gesellschaft
- Internet
- usw.

Zeit

Insgesamt drei Lektionen

Präsentationen

Daten werden zugelost.

Mögliche Energieträger/Energieformen

Wasserkraft, Windenergie, Sonnenenergie, Erdwärme/Geothermie, Biomasse, Kernenergie, Erdöl, Erdgas, Kohle

---

Auftrag/Note im Fachbereich «Sprache und Kommunikation»

Erstellen Sie ein vollständiges und aussagekräftiges Informationsdossier zu Ihrem Energieträger (inkl. Film und Fragen).

Präsentieren Sie Ihre Energieform in Ihrer Kleingruppe gemäss Auftrag. Beantworten Sie alle Fragen im Prüfungsgespräch.

Beachten Sie die Bewertungsraster!

Vorgaben / Bewertung

Kriterium	Pkt.	Err. Pkt.	Bemerkung
Vollständigkeit (gemäss Auftrag)	5		
Aussagekraft/Richtigkeit der einzelnen Unterkapitel/Informationsgehalt/Sprache	10		
Darstellung/Struktur/Nummerierung	10		
Vollständiges und nachvollziehbares Quellenverzeichnis gemäss Vorgaben	5		
Passender Film mit entsprechenden Fragen	5		
Punkte:	**35**		

Präsentation	Pkt.	Err. Pkt.
Siehe Zusatzblatt	24	
Informationsunterlagen	35	
TOTAL Punkte:	**59**	
Note		

Individuelle Lösungen

Hausrat- und Privathaftpflicht

L6

Lernziele:

- Sie können Sinn und Zweck von Sach- und Haftpflichtversicherungen erklären.
- Sie können beurteilen, was für Deckungen Sie für Ihre Hausrat- und Privathaftpflichtversicherung brauchen.
- Sie können unter *www.comparis.ch* Offerten für diese Versicherungen zusammenstellen.
- Sie können verschiedene Offerten vergleichen und deren Unterschiede erkennen.

Situationsbeschrieb:

Sie ziehen nach der Lehre in eine eigene Wohnung. Dafür müssen Sie eine Hausrat- und Privathaftpflichtversicherung abschliessen. Wie hoch sind Ihre Versicherungsprämien?

Auftrag:

1. Als Vorbereitung entscheiden Sie anhand der unten aufgeführten Tabelle, wie Ihre Wohnsituation aussehen könnte. Markieren Sie die zutreffenden Angaben. Ihre Lehrperson steht für Fragen zur Verfügung.

Persönliche Angaben			
Nationalität			
Geburtsdatum			

Angaben zum Gebäude			
Haustyp	Mehrfamilienhaus	Einfamilienhaus	
Stockwerk	Erdgeschoss	1. Stock oder höher	
Standort des Gebäudes (PLZ)			
Anzahl Zimmer	2 ½	3 ½	4 ½
Wohnfläche in m²	60 m²	75 m²	90 m²
Bauart des Gebäudes	massiv	nicht massiv (Holz)	
Hydrant innerhalb von 100 m Distanz	ja	nein	

Angaben zum Hausrat					
Einrichtungsstandard	einfach	durchschnittlich	luxuriös		
Versicherungssumme in CHF	(wird Ihnen vorgeschlagen – individuelle Anpassungen möglich)				
Glasbruch	Ja	Nein			
Mobiliarglas in CHF	1000	2000	3000	4000	5000
Einfacher Diebstahl auswärts in CHF	nicht gewünscht	1000	2000	3000 4000	5000
Fahrräder, Mofas und Sportgeräte zum Neuwert versichern	Ja	Nein			
Zurzeit versichert bei	keine	aktuelle Versicherung (Eltern)			
Angaben zur Privathaftpflicht					
Garantiesumme in CHF	3 Mio.	5 Mio.	10 Mio.		
Führen fremder Motorfahrzeuge	Ja	Nein			
Zurzeit versichert bei	keine	aktuelle Versicherung (Eltern)			

2. Öffnen Sie die Seite *www.comparis.ch*. Wählen Sie unter «Versicherungen» das Register «Hausrat- und Privathaftpflicht» aus.

3. Füllen Sie alles entsprechend Ihrer Entscheidungen im Auftrag Nr. 1 aus.

4. Lassen Sie sich die Resultate anzeigen.

5. Wählen Sie nun drei Offerten aus. Dafür gelten folgende Vorgaben:
   - günstigstes Angebot (Unterschiede in der Deckung dürfen vorhanden sein)
   - zwei Angebote, die sämtliche von Ihnen geforderten Deckungen erfüllen

Name der Versicherung			
Hausrat (Prämie)			
Feuer, Elementar, Wasser und Diebstahl zu Hause			
Versicherungssumme			
Selbstbehalt			
Glasbruch			
Einfacher Diebstahl auswärts			
Mofas und Sportgeräte			
Privathaftpflicht (Prämie)			
Garantiesumme			
Selbstbehalt			
Fremdlenker			
Selbstbehalt			
Gesetzliche Abgaben			
Prämie gesamt			

6. Entscheiden Sie sich für eine Versicherung und begründen Sie Ihre Wahl in drei bis vier Sätzen.

Individuelle Lösungen

Vergleich der Krankenversicherungen

L7

Lernziel

Sie sind in der Lage, die wichtigsten Leistungen der Krankenversicherung zu umschreiben und eine für Sie notwendige und günstige Krankenversicherung abzuschliessen.

Auftrag 1

Vergleichen Sie Ihre Krankenversicherung mit zwei Kolleginnen/Kollegen. Halten Sie Gemeinsamkeiten sowie Unterschiede fest. Klären Sie offene Fragen im Klassenverbund.

Namen			
Name der Krankenkasse			
Prämie total			
Grundversicherung	Kosten	Kosten	Kosten
	Franchise	Franchise	Franchise
	Modell	Modell	Modell
	Inhalte/Sonstiges	Inhalte/Sonstiges	Inhalte/Sonstiges
Zusatzversicherungen	Kosten	Kosten	Kosten
	Inhalte/Sonstiges	Inhalte/Sonstiges	Inhalte/Sonstiges
Sonstiges			

Auftrag 2

Situationsbeschreibung:

Sie werden volljährig und bringen in Erfahrung, wie hoch in Zukunft Ihre Prämien sein werden.

1. Öffnen Sie die Seite *www.comparis.ch*. Wählen Sie unter «Versicherungen» das Register «Krankenkasse» aus. Starten Sie den Vergleich von Grund- und Zusatzversicherungen (Dropdownliste).

2. Füllen Sie alles entsprechend Ihrer Entscheidungen aus. Informationen zu Versicherungsmodellen und Zusatzversicherungen, die Sie nicht kennen, erhalten Sie durch Anklicken des Symbols oder indem Sie in Ihrem Lehrmittel bzw. im Internet recherchieren.

3. Lassen Sie sich die Resultate anzeigen.

4. Wählen Sie nun drei Offerten aus.
   Erstellen Sie einen Leistungsvergleich, indem Sie die gewählten Krankenkassen anwählen.
   Nun können Sie die drei Krankenkassen detailliert vergleichen.

5. Entscheiden Sie sich für eine Versicherung und begründen Sie Ihre Wahl in drei bis vier Sätzen.

Individuelle Lösungen

Motorfahrzeugversicherung

L8

Lernziele

Sie erklären Sinn und Zweck von Sach- und Haftpflichtversicherungen im Zusammenhang mit Motorfahrzeugen.

Ausgangslage

Bald werden Sie selbst ein Auto fahren. Wer ein Auto kauft, muss obligatorische Versicherungen abschliessen. Zudem können freiwillige Versicherungen abgeschlossen werden.

Ausgangslage

Bald werden Sie selbst ein Auto fahren. Wer ein Auto kauft, muss obligatorische Versicherungen abschliessen. Zudem können freiwillige Versicherungen abgeschlossen werden.

1   **Obligatorische und freiwillige Motorfahrzeugversicherungen**

   Gehen sie zur Vertiefung Ihres Wissens auf die Internetseite *www.play4safety.ch*.

   a) Öffnen Sie die Seite *www.play4safety.ch*.
   b) Gehen Sie auf die Rubrik «my play4safety»
   c) Informieren Sie sich dort über die obligatorischen und freiwilligen Versicherungen rund ums Auto. Welche sind obligatorisch, welche sind freiwillig?

obligatorisch	freiwillig	

2 Das Bonus-Malus-System
Beantworten Sie folgende Fragen in kurzen Sätzen.

a) Wie funktioniert das Bonus-Malus-System?

b) Wer profitiert von diesem System? Wer hat Nachteile?

c) Was bedeutet der Begriff Regress?

d) In welchen Fällen kann/muss eine Versicherung Regress nehmen?

3 Die verschiedenen Versicherungen rund ums Auto
Notieren Sie stichwortartig das Wesentliche zu den aufgelisteten Versicherungen.

Vollkaskoversicherung	
Teilkaskoversicherung	
Kollisionskaskoversicherung	
Insassenversicherung	
Bonusversicherung	

4   **Gruppendiskussion**
Welche Versicherung würden Sie allenfalls abschliessen? Welche nicht? Kennzeichnen Sie die Versicherungen. Begründen Sie Ihren Entscheid.

Sind Sie fertig mit der Arbeit, dann verweilen Sie noch etwas auf der Internetseite play4safety.ch

a) Machen Sie sich schlau über den Führerausweis, sofern Sie noch nicht im Besitz eines solchen sind.

b) Gehen Sie auf «Verkehrsgerechtes Verhalten» und bilden Sie sich weiter!

Individuelle Lösungen

Kapitel 5
Schweiz und Welt

Aufgaben

Europäische Union (EU)

A1   Was symbolisieren die zwölf Sterne der EU-Flagge?

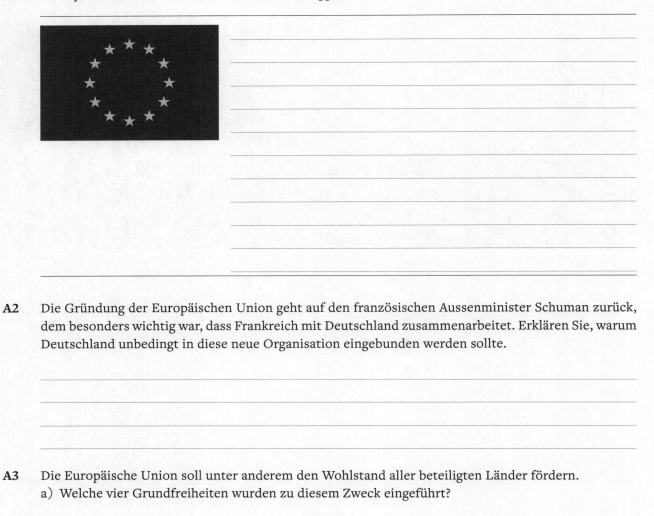

A2   Die Gründung der Europäischen Union geht auf den französischen Aussenminister Schuman zurück,
dem besonders wichtig war, dass Frankreich mit Deutschland zusammenarbeitet. Erklären Sie, warum
Deutschland unbedingt in diese neue Organisation eingebunden werden sollte.

A3   Die Europäische Union soll unter anderem den Wohlstand aller beteiligten Länder fördern.
a) Welche vier Grundfreiheiten wurden zu diesem Zweck eingeführt?

b) Beschreiben Sie die wirtschaftlichen Vorteile für die Beteiligten.

_____

_____

_____

_____

_____

_____

_____

A4 Setzen Sie im folgenden Text die passenden Begriffe in die Lücken.
Schuman, Frankreich, geeinten, Montanunion, Waffen, gemeinsamen, Heirats, Benelux, Kriege, Frieden, Deutschland, Nationalismus, Europa, friedlich, Kohle, Wohlstand, Monarchien, Stahl

Die Idee eines _____ Europas gibt es schon lange. Die einen versuchten es mit

_____ -Gewalt, die anderen mit _____ -Politik.

und _____ verhinderten aber über Jahrzehnte ein geeintes _____ .

Nach Hungersnöten, Tod und Zerstörung und dem Untergang der meisten _____

kam die Idee eines _____ vereinten Europas wieder auf. Man wollte dauerhaften

_____ und damit den _____ in Europa sichern.

Der _____ -Plan sah vor, dass die Produktion von _____ und

_____ nach dem Zweiten Weltkrieg einer _____ Behörde aus

verschiedenen Ländern unterstellt werden soll. Die ewigen Gegner _____ und

_____ , aber auch Italien und die _____ -Länder unterzeichneten die

Gründungsakte der Europäischen Gemeinschaft für Kohle und Stahl – auch _____

genannt.

A5 Welche Aussagen zur Europäischen Union sind richtig, welche falsch?

Aussage	richtig	falsch
1. Die Römer Verträge wurden nur von den Italienern unterzeichnet.	☐	☐
2. Ziel der EU war ein Binnenmarkt mit freiem Waren- und Dienstleistungsverkehr.	☐	☐
3. Im Vertrag von Maastricht beschloss man die Wirtschafts- und Währungsunion mit dem Euro als gemeinsamer Währung.	☐	☐
4. Nur Grossbritannien tauschte seine Währung nicht gegen den Euro.	☐	☐
5. Das Europaparlament vertritt heute fast 450 Millionen Einwohner.	☐	☐

A6 a) Setzen Sie die Ziffern der sechs Kernstaaten, welche die EU gegründet haben in die Europakarte und umkreisen Sie die Ziffer.

b) Setzen Sie die Ziffern der drei letzten der EU beigetretenen Staaten in die Europakarte ein und markieren Sie die Länder.

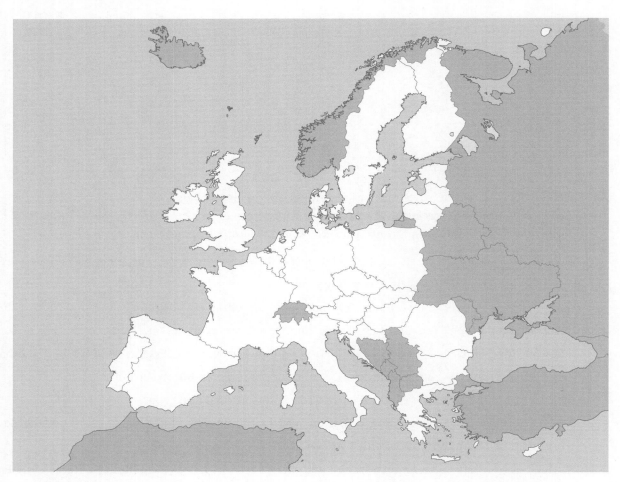

1	Belgien	8	Griechenland	15	Luxemburg	22	Schweden
2	Bulgarien	9	Grossbritannien	16	Malta	23	Slowakei
3	Dänemark	10	Irland	17	Niederlande	24	Slowenien
4	Deutschland	11	Italien	18	Österreich	25	Spanien
5	Estland	12	Kroatien	19	Polen	26	Tschechische Rep.
6	Finnland	13	Lettland	20	Portugal	27	Ungarn
7	Frankreich	14	Litauen	21	Rumänien	28	Zypern

A7 Ordnen Sie die Funktionen den entsprechenden Organen zu.

Funktion	Euro-päischer Rat	Europäi-sche Kom-mission	Minister-rat	Euro-päisches Parlament
1. Sie verabschieden die Ausgaben des EU-Budgets.	☐	☐	☐	☐
2. Die Fachminister der Länder beschliessen über die Aussen-, Sicherheits- und Steuer-politik (mit oder ohne Parlament).	☐	☐	☐	☐
3. Sie überwachen die Einhaltung der Gesetze.	☐	☐	☐	☐
4. Sie setzen EU-Programme um.	☐	☐	☐	☐
5. Der Ratspräsident und die Staats- und Regierungschefs legen politische Leitlinien fest.	☐	☐	☐	☐
6. Die Abgeordneten beschliessen mit dem Rat EU-Gesetze.	☐	☐	☐	☐
7. Die Kommissare (einer/eine pro Land) unterbreiten Vorschläge für das Gemein-schaftsrecht.	☐	☐	☐	☐

A8 Kreuzen Sie an, ob folgende Aussagen zu den Organen der EU richtig oder falsch sind. Korrigieren Sie die falschen Aussagen.

Aussage	richtig	falsch	Korrektur
Das Europäische Parlament macht die Gesetze der EU.	☐	☐	
Das höchste Organ der EU ist die Kommission.	☐	☐	
Die Mitglieder des Europäischen Parlaments werden jeweils für vier Jahre gewählt.	☐	☐	
Der EU-Ministerrat hat nur Vorschlagsrecht und keine Entscheidungskompetenzen.	☐	☐	
Der Europäische Rat setzt die Leitlinien innerhalb der EU.	☐	☐	

Die Schweiz innerhalb Europas

A9   Setzen Sie im folgenden Text die richtigen Begriffe in die Lücken.
Bundesrat (2x), Westeuropa, Neutralität, Gesuch, Weltkriegen, Brüssel, Verpflichtungen, Beitritt, EFTA, Solidarität, Handelsschranken, EU, Landwirtschaft, Beitrittsverhandlungen, Europäischen Union, Bevölkerung, politische, Stimmvolk, Länder, ablehnend

Geprägt von den zwei _____ hatte die Schweiz in den 1950er-Jahren mit dem übrigen _____ ein Gefühl der _____ und Gemeinschaft. Der _____ stand aber der _____ _____ gegenüber. Hauptgründe waren die _____ und zu weit reichende politische _____ .

Auch die schweizerische _____ änderte ihre Haltung. Als Gegengewicht zur EU unterzeichnete die Schweiz mit einigen anderen europäischen Ländern die Freihandelsassoziation _____ mit dem Ziel, _____ abzubauen. Davon war aber die _____ ausgenommen und die _____ Handlungsfreiheit der einzelnen _____ blieb – anders als in der _____ – gewahrt.

Erst in den 1990er-Jahren änderte der _____ seine Meinung und stellte bei der EU ein _____ um _____ . Das Schweizer _____ lehnte aber 1992 einen _____ knapp ab. Seither ist das Gesuch in _____ «schubladisiert».

A10   Zurzeit steht eine Mehrheit der Schweizer Bevölkerung, der Bundesrat und auch das Parlament einem EU-Beitritt der Schweiz ablehnend gegenüber. Schreiben Sie mögliche negative Auswirkungen eines Beitritts der Schweiz zur EU links in die Tabelle und rechts mögliche positive Auswirkungen.

Negativ:	Positiv:

A11 Was ist Ihre persönliche Meinung bezüglich eines EU-Beitritts der Schweiz?

_____

_____

_____

_____

_____

A12 Erklären Sie in vollständigen Sätzen, warum die Schweiz mit der EU bilaterale Verträge abgeschlossen hat. Nennen Sie dabei einen dieser Verträge und erklären Sie dessen Ziel.

_____

_____

_____

_____

_____

A13 Notieren Sie zu den folgenden bilateralen Verträgen I den Inhalt und wie Sie allenfalls persönlich davon betroffen sind. Recherchieren Sie dazu im Internet.

Bild	Name des Dossiers Bilaterale I und Inhalt	Individuelle Betroffenheit
	Personenfreizügigkeit	
	Technische Handelshemmnisse	
	Öffentliches Beschaffungswesen	

Bild	Name des Dossiers Bilaterale I und Inhalt	Individuelle Betroffenheit
	Landverkehr	
	Luftverkehr	
	Landwirtschaft	
	Forschung	

Bilder aus: Die Schweiz und die EU. Eine Lehr- und Arbeitsmappe in sieben Kapiteln. Direktion für europäische Angelegenheiten DEA. hep 2007.

A14 Notieren Sie zu den Dossiers der bilateralen Verträge II kurz den Inhalt. Recherchieren Sie dazu im Internet.

Bild	Name des Dossiers Bilaterale II und Inhalt
	Schengener Abkommen
	Dubliner Abkommen
	Zinsbesteuerung
	Betrugsbekämpfung
	Landwirtschaftliche Verarbeitungsprodukte
	Umwelt
	Statistik

Bild	Name des Dossiers Bilaterale II und Inhalt
	MEDIA
	Ruhegehälter

Bilder aus: Die Schweiz und die EU. Eine Lehr- und Arbeitsmappe in sieben Kapiteln. Direktion für europäische Angelegenheiten DEA. hep 2007.

A15 Ordnen Sie die Inhalte den einzelnen Dossiers der Bilateralen I zu.

Inhalte	Freier Personen- verkehr	Transit- verkehr	Luftverkehr	Öffent- liches Beschaf- fungswesen
Die EU akzeptiert die LSVA für den alpenque- renden Transit.	☐	☐	☐	☐
Ich kann überall in der EU arbeiten und leben, wenn ich eine Stelle habe.	☐	☐	☐	☐
Millionenaufträge der öffentlichen Hand müssen im gesamten EU-Raum ausgeschrieben werden.	☐	☐	☐	☐
Für die SWISS gibt es keine Lande- und Start- beschränkungen innerhalb des EU-Raums.	☐	☐	☐	☐

A16 Die Schweiz hat den bilateralen Weg gewählt, um ihre Beziehungen mit der EU zu regeln.

a) Welche Vorteile haben diese bilateralen Verträge im Gegensatz zu einem Unionsbeitritt?

b) Welche Nachteile hat das bilaterale System gegenüber einem Beitritt?

A17 Der bilaterale Vertrag zur Personenfreizügigkeit regelt, dass Schweizer Bürgerinnen und Bürger in allen EU-Staaten wohnen und arbeiten können. Umgekehrt gilt dies auch für Menschen aus der EU. Beschreiben Sie, welche beruflichen Möglichkeiten sich aufgrund der Personenfreizügigkeit zukünftig für Sie ergeben könnten.

Internationale Organisationen

A18 Ordnen Sie die Ziele den entsprechenden Regierungsorganisationen zu.

Ziel	UNO	NATO	WTO
1. Abbau von Zöllen	☐	☐	☐
2. Einhaltung des Völkerrechts	☐	☐	☐
3. Faire Spielregeln im Welthandel	☐	☐	☐
4. Förderung der internationalen Zusammenarbeit	☐	☐	☐
5. Militärische Konfliktverhütung	☐	☐	☐
6. Sicherung des Weltfriedens	☐	☐	☐
7. Freier Welthandel	☐	☐	☐
8. Militärische Krisenbewältigung	☐	☐	☐
9. Abbau von Handelshemmnissen	☐	☐	☐
10. Schutz der Menschenrechte	☐	☐	☐

A19 Ordnen Sie die Ziele den entsprechenden Nichtregierungsorganisationen zu.

Ziel	IKRK	WWF	Amnesty International	Greenpeace
Schutz von Tieren	☐	☐	☐	☐
Bekämpfung von Menschenrechtsverletzungen	☐	☐	☐	☐
Menschliches Leiden verhüten und lindern	☐	☐	☐	☐
Natur- und Umweltschutz	☐	☐	☐	☐
Hilfe für politische Gefangene	☐	☐	☐	☐

A20 Wie kennzeichnet sich das IKRK in unterschiedlichen Ländern und Kulturen? Benennen Sie die Symbole.

Entwicklungsländer, Entwicklungshilfe

A21   Ordnen Sie die Merkmale einem reichen Land (Industrieland) beziehungsweise einem armen Land (Entwicklungsland) zu. Färben Sie die Kästchen mit unterschiedlichen Farben ein (Bsp. blau für ein Industrieland, grün für ein Entwicklungsland).

hohe Produktivität	grosse Kindersterblichkeit	korrupte Unternehmer	gute medizinische Versorgung
Schutzbestimmungen zum Arbeitsrecht	einseitige Ernährung	Kenntnisse über Verhütungsmethoden	ausgebautes Schulsystem
lange Transportwege	geringe Produktivität	schlechte Wasserqualität	rationalisierte Betriebe
Arbeit auf Abruf	schlechte Bildung	hohe Kaufkraft des Geldes	niedriges Bruttoinlandprodukt pro Kopf
einseitige Anbaumethoden	wenige Analphabeten	viele Analphabeten	Lohn deckt meistens die Existenz
gut ausgebautes Schulsystem	kein geregeltes Schulsystem	Maschinen und Werkzeuge in schlechtem Zustand	400 Liter Leitungswasser pro Tag und Person

A22   Das DEZA unterstützt weltweit verschiedene Projekte in der Entwicklungszusammenarbeit. Informieren Sie sich unter www.eda.admin.ch/deza/de/home/laender.html über zwei Projekte auf unterschiedlichen Kontinenten. Fassen Sie diese Projekte in einigen Sätzen zusammen.

A23   Könnte sich die Schweiz aus der Entwicklungshilfe zurückziehen? Begründen Sie Ihre Antwort mithilfe der Bundesverfassung.

A24   Beschreiben Sie den Begriff «Hilfe zur Selbsthilfe» in vollständigen Sätzen und anhand eines praktischen Beispiels.

A25   Betrachten Sie die Grafik zur Wachstumsrate der Bevölkerung im Grundlagenbuch (siehe Seite 186, Bevölkerungsentwicklung).

a) Auf welchem Kontinent gibt es die grösste Wachstumsrate weltweit?

b) Was könnten die Gründe sein, warum gerade in dieser Region der Welt die Bevölkerung so stark wächst? Nennen Sie deren zwei.

c) Wie erklären Sie sich, dass in Europa mit Ausnahme der Schweiz die Wachstumsrat relativ tief ist?

Migration

A26   Betrachten Sie die Grafik zu den globalen Migrationsströmen im Grundlagenbuch (siehe Seite 188, Bevölkerungsentwicklung).

a) In den Medien liest man immer wieder von den enormen Flüchtlingsströmen aus Afrika. Was stellen Sie fest, wenn Sie die Karte genauer anschauen? Wo finden die grössten Migrationsströme statt?

b) Welche Erklärungen / Gründe gibt es wohl für die grossen Migrationsströme in andere Länder?

c) Welcher Kontinent hat 2019 weltweit zwar eine Binnenmigration aber keine oder nicht nennenswerte Emigration (Auswanderung) zu verzeichnen? Haben Sie eine Erklärung dafür?

A27 Notieren Sie je vier Push- und Pull-Faktoren.

Pull-Faktoren (Sogfaktoren)	Push-Faktoren (Schubfaktoren)

Asyl und Einbürgerung

A28 Setzen Sie die Stationen des Asylverfahrens mit den Ziffern 1 bis 7 in die richtige Reihenfolge.

	Ausführliche Befragung zu Fluchtgründen durch SEM
	Erkennungsdienstliche Behandlung und Kurzbefragung in einem Empfangs- und Verfahrenszentrum (EVZ)
	Vollzug der Wegweisung durch Polizei
	Ankunft Flughafen
	Entscheid durch SEM
	Verteilung auf Kantone/Gemeinden
	Bei ablehnendem Entscheid Beschwerdemöglichkeit beim Bundesverwaltungsgericht

Eine grafische Darstellung des Asylverfahrens finden Sie bei den Zusatzmaterialien unter: http://mehr.hep-verlag.ch/gesellschaft-c-arbeitsheft.

A29 Geben Sie den Schweizer Politikern Tipps, wie sich die Schweiz zukünftig in Bezug auf die Problematik der Migration (Ein- und Auswanderung) verhalten soll.

Die Schweiz als Auswanderungs- und Einwanderungsland

A30   In Betrachten Sie im Grundlagenbuch (siehe Seite 191, Schweiz als Auswanderungsland) die Grafik
zu den Ländern, in denen die meisten Auslandschweizer wohnen.

a) Wohin zieht es die Auslandschweizer/-innen? Nennen Sie die drei favorisierten Länder.

_____

_____

b) Viele Auslandschweizer/-innen lassen sich in einem europäischen Land nieder. Haben Sie eine Erklärung dafür? Nennen Sie zwei mögliche Gründe.

_____

_____

A31   Betrachten Sie die Grafik Zuwanderung aus EU-Staaten im Grundlagenbuch (siehe Seite 193, Schweiz
als Einwanderungsland).

a) Was fällt Ihnen als erstes auf? Formulieren Sie zwei Aussagen.

_____

_____

b) Worüber informiert die Grafik?

_____

_____

c) Um welche Art von Grafik handelt es sich? Was lässt sich daraus ablesen?

_____

_____

d) Welche markanten Werte gibt es? Haben Sie eine Idee worauf diese zurück zu führen sein könnten?

_____

_____

e) Ab welchem Jahr gibt es eine einheitliche, erkennbare Tendenz? Was könnte deren Hintergrund
sein?

_____

_____

A32 Beurteilen Sie, ob die folgenden Aussagen über Asyl und Einbürgerung richtig oder falsch sind.

Aussage	richtig	falsch
1. Push-Faktoren sind Faktoren, welche Heimatlose anziehen.	☐	☐
2. Gute Verdienstmöglichkeiten in der Schweiz sind ein Pull-Faktor.	☐	☐
3. Gegenwärtig halten sich über 250 Millionen Menschen fern ihrer Heimat auf.	☐	☐
4. Die Schweiz zählt zu den Staaten mit den höchsten Anteilen von Ausländerinnen und Ausländern.	☐	☐
5. Kanada und Australien haben einen grösseren Ausländeranteil als die Schweiz.	☐	☐
6. Die Schweiz zählt momentan knapp 7 Millionen Einwohnerinnen und Einwohner.	☐	☐
7. Über hunderttausend Schweizer leben im Ausland.	☐	☐
8. Die meisten Zuwanderer, welche in die Schweiz einwandern, kommen aus Deutschland.	☐	☐
9. Eine Aufenthaltsbewilligung B ist in der Schweiz fünf Jahre gültig.	☐	☐
10. Asylsuchende sind Menschen, die aus ihrem Heimatland geflüchtet sind und in einem Staat um Aufnahme und Schutz bitten.	☐	☐
11. Eingebürgert werden Personen, wenn sie mindestens acht Jahre Wohnsitz in der Schweiz nachweisen können.	☐	☐
12. Jeder Ausländer, der über zwölf Jahre in der Schweiz gelebt hat, wird automatisch eingebürgert.	☐	☐
13. Die Asylbewerber haben in den ersten drei Monaten ein Arbeitsverbot.	☐	☐
14. Bevor ein Asylbewerber eine Arbeitsstelle erhält, muss der Arbeitgeber nachweisen, dass er keinen Schweizer für diese Arbeit gefunden hat.	☐	☐
15. Wenn ein Asylbewerber arbeitet, kann er selbstständig über seinen ganzen Lohn verfügen.	☐	☐
16. Sobald ein Asylbewerber arbeitet, kann er seine Familie nachkommen lassen.	☐	☐
17. Die Einbürgerungspraxis ist in der Schweiz lockerer als in den europäischen Nachbarstaaten.	☐	☐
18. Die Schweiz koordiniert ihre Asylpolitik mit den EU-Staaten.	☐	☐
19. Wer in einem EU-Land schon einen Asylantrag gestellt hat, kann dies in der Schweiz nicht mehr tun.	☐	☐
20. Gibt ein Asylbewerber seine Identität nicht bekannt, so hat das keine Auswirkungen auf das Asylverfahren.	☐	☐
21. Mit der Asylpolitik kann die Anzahl der Ausländerinnen und Ausländer in der Schweiz drastisch gesenkt werden.	☐	☐
22. Teile der Schweizer Bevölkerung im 19. Jahrhundert waren so arm, dass sie ihr Glück in der Auswanderung suchten.	☐	☐
23. Die Fürsorgeleistungen im Asylbereich sind so hoch, dass sich die Asylbewerber teure Luxusartikel leisten können.	☐	☐
24. Der grösste Teil der Ausländerinnen und Ausländer in der Schweiz hat nichts mit dem Asylbereich zu tun.	☐	☐

Kreuzworträtsel

EU

X1

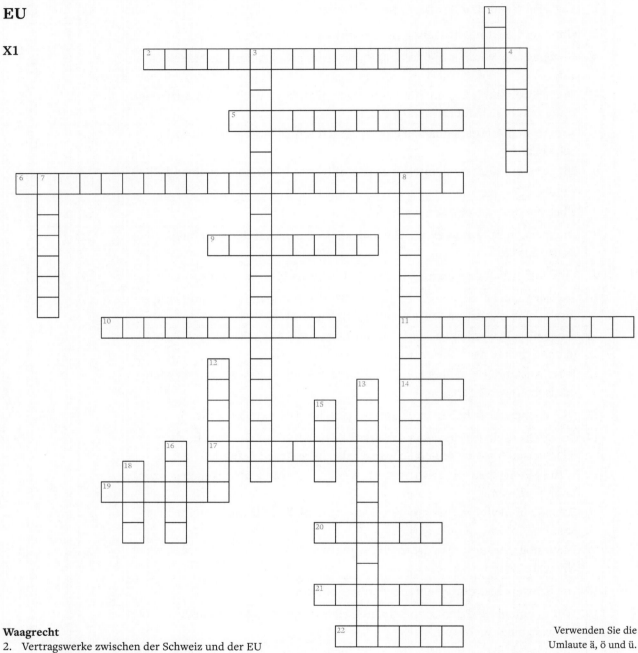

Waagrecht

2. Vertragswerke zwischen der Schweiz und der EU (2 Worte)
5. Anderer Name für die EGKS
6. Personen dürfen sich in allen Mitgliedsstaaten frei niederlassen und arbeiten
9. Abkommen, welches die Grenzkontrollen zwischen den Mitgliedsstaaten abschafft (Stadt)
10. Wirtschaftlich freier Markt innerhalb der EU
11. Weltmacht, welche 1991 auseinanderbrach
14. Abkürzung für Europäischer Wirtschaftsraum
17. Organ der EU, welches aus den jeweils 28 Fachministern besteht
19. Abkommen zur Behandlung von Asylgesuchen (Stadt)
20. Deutscher Diktator des 20. Jahrhunderts
21. Name für 3 Gründerländer der EU
22. Weltweit

Senkrecht

1. Abkürzung für Europäische Wirtschaftsgemeinschaft
3. Organ der EU mit 705 Abgeordneten (2 Worte)
4. Ausfuhr
7. Import
8. Organ der EU, in dem sich die 27 Staats- und Regierungschefs treffen (2 Worte)
12. Französischer Aussenminister, der als Gründervater der heutigen EU gilt
13. Überstaatlich
15. Abkürzung für Europäische Freihandelsassoziation
16. Wird beim freien Güterverkehr abgeschafft (Mehrzahl)
18. Europäische Währung

Verwenden Sie die Umlaute ä, ö und ü.

Globale Herausforderungen

X2

Verwenden Sie die Umlaute ä, ö und ü.

Waagrecht

2. Erdteil mit hoher Aufnahmequote von Flüchtlingen aller Art
4. Englischer Name für Sogfaktoren
5. Deutscher Name für die UNO (2 Worte)
6. Wurde von Henri Dunant gegründet (Abkürzung)
8. Endgültiges Verlassen der Heimat
11. Schutz für verfolgte Menschen
12. Deutscher Name für Push-Faktoren
13. Erdteil mit hohem ausländischen Bevölkerungsanteil (über 20%)
14. Ein- und Auswanderung von Menschen
15. Einwanderung
16. Kann als Organ der UNO-Sanktionen beschliessen

Senkrecht

1. Ausländer werden Schweizer Bürger
3. Länder mit Armut, Hunger und geringer Produktivität
7. Die Zahl der älteren Menschen wächst, die Zahl der jüngeren Personen sinkt
9. Die Schweiz versucht damit, die einheimische Wirtschaft mit genügend Arbeitnehmenden zu versorgen
10. Eine Nichtregierungsorganisation, welche den Schutz der Natur, der Umwelt und der Tiere als Ziel hat

Lernaufgabe

Die Schweiz und die EU – ein Unternehmens- oder Personenportrait

L1

Ausgangslage

Die Beziehung zwischen der Schweiz und der EU ist unter anderem deshalb wichtig, weil viele Schweizer Unternehmen Waren in den EU-Raum exportieren und viele Personen aus dem EU-Raum in der Schweiz arbeiten (siehe Kapitel 5.1).

Lernziele

- Sie kennen die wirtschaftliche Bedeutung der EU für die Schweiz.
- Sie können den Zweck der bilateralen Verträge zwischen der Schweiz und der EU erklären.

Auftrag

Portraitieren Sie entweder ein Unternehmen, das Waren in den EU-Raum exportiert (Unternehmensportrait) oder eine Person aus dem EU-Raum, die in der Schweiz arbeitet (Personenportrait). Bei der Erstellung des Unternehmens- oder Personenportraits ist ein persönlicher Kontakt wichtig, wobei beim Unternehmensportrait auch andere Quellen hilfreich sind (z. B. Homepage). In Ihrem Portrait sollten folgende Fragen beantwortet werden:

Unternehmensportrait
- Welches Produkt wird in die EU exportiert?
- Wieso wird das Produkt in die EU exportiert?
- Wie wird das Produkt in die EU exportiert? Was geschieht am Zoll?
- Was sind Herausforderungen beim Exportieren von Produkten?
- Welche Bedeutung haben die bilateralen Verträge der Schweiz mit der EU für das Unternehmen?

Personenportrait
- Was hat Sie in die Schweiz geführt?
- Unterscheidet sich die Schweizer Kultur von der Kultur Ihres Heimatlandes? Wenn ja, wie?
- In welcher Branche arbeiten Sie?
- Gefällt es Ihnen, in der Schweiz zu arbeiten?
- Welche Bedingungen müssen erfüllt sein, damit eine Person aus dem EU-Raum in der Schweiz arbeiten kann?
- Was sind die Herausforderungen für eine Person aus dem EU-Raum in der Schweiz zu arbeiten?

Produkt

Schriftliches Unternehmens- oder Personenportrait

Kriterien

- Das Portrait ist informativ und ausführlich.
- Im Portrait werden die wesentlichen Fragen beantwortet.
- Die Bedeutung der bilateralen Verträge für das Unternehmen/die Person kommt nachvollziehbar zum Ausdruck
- Das Portrait ist gut strukturiert und sprachlich korrekt.

Individuelle Lösungen

Kapitel 6
Beziehung und Zusammenleben

Aufgaben

Sexualität

A1 Es ist heute sehr einfach, etwas über Sexualität zu erfahren. Internet, Fernsehen, Magazine und Handy: Sex ist überall; es ist fast unmöglich, sich dem Thema zu entziehen. Dennoch ist unser Wissen über Sex, Beziehungen, Lust und Frust, Sinnlichkeit und Intimität nicht allgemein grösser geworden. Es entsteht vielmehr der trügerische Eindruck: «Alles schon gesehen, schon erlebt und gemacht.» Sexualität, Beziehungen und Gefühle sind ein Abenteuer, etwas sehr Individuelles, das persönlich erlebt und gelebt wird. Es geht darum, seinen eigenen persönlichen Weg im Dschungel von Bildern, Informationen, Fakten und Erlebtem zu finden.

In der folgenden Tabelle werden verschiedene Themen der Sexualität angesprochen, welche als Thesen formuliert sind. Sie erhalten die Antworten von Ihrer Lehrperson. Diskutieren Sie die Thesen in Kleingruppen und tragen Sie die Diskussionsergebnisse ins Plenum.

Aussage	ja	nein
1. Lustvolle, befriedigende Sexualität, die Spass macht, ist nicht angeboren. Sie muss gelernt werden.	☐	☐
2. Das Bedürfnis nach Sexualität ist bei Mann und Frau gleich gross.	☐	☐
3. Ein Penis im erregten Zustand ist durchschnittlich etwa 14,5 cm lang.	☐	☐
4. Frauen und Männer können Geschlechtskrankheiten haben, ohne es zu merken.	☐	☐
5. Penetration führt bei der Frau am schnellsten zum Orgasmus.	☐	☐
6. Die «Pille danach» kann sinnvollerweise bis zu 1 Woche nach dem Geschlechtsverkehr eingenommen werden.	☐	☐
7. Ob ein Junge schwul oder ein Mädchen lesbisch wird, oder ob jemand transsexuell ist, hängt von verschiedenen Faktoren ab.	☐	☐
8. Wenn ich eine neue Beziehung eingehe und ohne Gummi mit meinem Partner oder meiner Partnerin schlafen will, sollte ich vorher immer einen HIV-Test machen.	☐	☐

Zusammenleben

A2 In folgender Tabelle sind verschiedenste Formen des Zusammenlebens aufgelistet. Ergänzen Sie die fehlenden Elemente.

Zusammenleben	Beschreibung
Wohngemeinschaft (WG)	
	Die äussere Form ist dieselbe wie bei einer klassischen Familie. Die Eltern sind jedoch nicht verheiratet.
Klassische Familie	
Adoptionsfamilie	
Kinderlose Paare	
	Die Mutter oder der Vater sorgt allein für die Kinder.
	Beide Elternteile haben Kinder aus früheren Beziehungen und zum Teil gemeinsame Kinder.
	Am 1.1.2007 trat das neue Partnerschaftsgesetz in Kraft. Seither können gleichgeschlechtliche Paare ihre Partnerschaft im Zivilstandsregister eintragen lassen. Die eingetragene Partnerschaft wird in verschiedener Hinsicht der Ehe angeglichen. So erhalten gleichgeschlechtliche Paare mit der Eintragung das gleiche gesetzliche Erbrecht wie Eheleute. Auch in den Bereichen Steuern, Versicherungen und Vorsorge wird die eingetragene Partnerschaft der Ehe gleichgesetzt. Nicht erlaubt ist aber:
Regenbogenfamilie	

Konkubinat

A3   Streichen Sie die falschen Behauptungen im Text durch. Schreiben Sie darüber die korrekte Formulierung.

1. Sven Müller und Lara Manser leben seit einem Jahr im Konkubinat.

2. Das ist eine Form des Zusammenlebens, bei der die Partner nur zivil getraut werden.

3. Lara möchte für das Zusammenleben einen Vertrag abschliessen.

4. Sven ist dagegen. Er meint, das Gesetz regle das Konkubinat.

5. Sven wird schwer krank und ist leider schlecht versichert.

6. Als Lebenspartnerin ist Lara verpflichtet, Sven finanziell zu unterstützen.

7. Svens Krankheit verschlimmert sich und Lara möchte gerne Genaueres darüber wissen.

8. Die Ärzte dürfen ihr Auskunft geben, wenn Sven urteilsunfähig wird.

9. Sven stirbt und Lara erhält eine Witwenrente.

10. Durch die Auflösung der Lebensgemeinschaft erhält Lara das Recht, die Möbel, die sie mitgebracht hat, zurückzunehmen.

11. Sie erbt nach Gesetz die Hälfte von Svens Vermögen.

12. Nach ein paar Jahren geht Lara eine neue Konkubinatsbeziehung mit Jan Huber ein, und nach einiger Zeit stellt sich Nachwuchs ein.

13. Das Kind erhält den Familiennamen und das Bürgerrecht der Mutter.

14. Das Sorgerecht für das Kind bekommen automatisch Lara und Jan gemeinsam.

A4 Entscheiden Sie, welche Aussagen auf das Zusammenleben in der Ehe, welche auf das Leben im Konkubinat zutreffen.

Aussage	Ehe	Konkubinat
1. Elterliche Sorge bei der Mutter (wenn nicht anders vereinbart)	☐	☐
2. Gründung und Auflösung ohne Formalitäten	☐	☐
3. Einsparung bei Steuern	☐	☐
4. Bei Tod des Partners gesetzliche Erbansprüche	☐	☐
5. Anspruch auf zwei ganze Altersrenten	☐	☐
6. Elterliche Sorge immer beim Vater und der Mutter	☐	☐
7. Gemeinsame schriftliche Erklärung notwendig für gemeinsame elterliche Sorge	☐	☐

Ehe

A5 Beantworten Sie die folgenden Fragen zu Verlobung und Heirat mithilfe der Gesetzestexte.

Verlobung ZGB 90–93

1. Existiert für die Verlobung eine Formvorschrift?

2. Entsteht durch die Verlobung ein klagbarer Anspruch auf eine spätere Heirat?

3. Entnehmen Sie dem ZGB die zwei Folgen, die bei einem Verlöbnisbruch entstehen können:

4. Wann sind die Ansprüche aus dem Verlöbnis verjährt?

Heirat (Eheschliessung) ZGB 94–109

1. Was sind die Voraussetzungen für eine Eheschliessung?

2. Wie lauten die Ehehindernisse?

3. Notieren Sie kurz, welche Vorbereitungen (von Amtes wegen) bei einer Heirat getroffen werden müssen. Recherchieren Sie im Internet.

_____

_____

_____

_____

_____

_____

_____

_____

A6 Was unterscheidet eine eingetragene Partnerschaft von einer Ehe? Was sind Gemeinsamkeiten? Notieren Sie stichwortartig je drei Gemeinsamkeiten und Unterschiede.

Unterschiede	Gemeinsamkeiten

A7 Entscheiden Sie, ob die Aussagen richtig oder falsch sind.

Aussage	richtig	falsch
Eine Frau kann ohne Bewilligung ihres Mannes nicht berufstätig sein.	☐	☐
Die Eltern eines drogensüchtigen 35-jährigen Mannes können unter Umständen verpflichtet werden, ihn finanziell zu unterstützen.	☐	☐
Die Kündigung der Familienwohnung durch einen der Ehepartner ist gültig.	☐	☐
Die 17-jährige Tochter kann sich ohne Einwilligung der Eltern eine eigene Wohnung mieten, wenn sie die Miete selber bezahlen kann.	☐	☐

A8 Nadja und Markus sind verheiratet. Nadja hat kürzlich an ihrem Wohnort einen Traumjob in einem Reisebüro gefunden. Nun eröffnet ihr Markus, dass er im 100 km entfernten Basel eine Stelle antreten könnte, bei welcher er fast das Doppelte seines bisherigen Gehaltes verdienen würde. Kann Markus darauf beharren, dass sie nach Basel ziehen? Muss Nadja auf ihren Traumjob verzichten?

_____

_____

_____

_____

A9 Walter gibt seiner Frau Angela im Monat Fr. 1200.– Haushaltsgeld. Für die vierköpfige Familie reicht dieser Betrag jedoch selten. Schon mehrmals hat Angela von Walter vergeblich verlangt, dass er das Haushaltsgeld erhöhen soll. Walter ist der Meinung, das liege bei seinem bescheidenen Lohn nicht drin. Wie viel er genau verdient, verschweigt er Angela aber hartnäckig. Handelt Walter korrekt?

Kindesverhältnis

A10 Wie lange unterstehen die Kinder der elterlichen Sorge?

- ☐ Bis sie urteilsfähig sind.
- ☐ Bis die Ausbildung abgeschlossen ist.
- ☐ Solange sie noch nicht volljährig sind.
- ☐ Solange sie bei den Eltern wohnen.

A11 Die Familie Hugentobler lebt zusammen mit ihren beiden Kindern Simon (10) und Katja (17) in St. Gallen. Der Sohn besucht die Primarschule und die Tochter absolviert eine Lehre als Fachfrau Gesundheit. Beurteilen Sie die folgenden Fälle. Erläutern Sie die Rechtslage mithilfe der entsprechenden ZGB-Artikel oder des Lehrmittels.

Fall	Gesetz/Artikel	Lösung
a) Simon hat unter der Aufsicht des Vaters beim Spielen im Freien eine Fensterscheibe zerstört.		

Fall	Gesetz/Artikel	Lösung
b) Katja will gleich nach der Lehre die Matura nachholen und Medizin studieren. Sie ist der Meinung, dass ihre Eltern dieses Studium finanzieren müssen.		
c) Nach acht Monaten kommt Katja auf die Idee, die Lehre aufzugeben und eine Karriere als Model zu starten. Von dieser Idee sind die Eltern gar nicht begeistert.		
d) Katja kann ihren Lernendenlohn von Fr. 950.– selbst verwalten. Die Eltern verlangen aber von ihr, dass sie einen angemessenen Beitrag an den Unterhalt leistet, da sie im gleichen Haushalt wohnt. Katja findet dies ungerecht.		
e) Die Familie ist reformiert. Simon will aber den katholischen Religionsunterricht besuchen.		
f) Die Kinder Simon und Katja haben von einem Verwandten Fr. 30 000.– geerbt. Die Eltern verwalten dieses Geld und möchten mit einem Teil des Geldes die nächsten Familienferien finanzieren.		

Fall	Gesetz/Artikel	Lösung
g) Katja hat genug von der Familie. Sie fühlt sich bevormundet. Darum will sie in eine eigene Wohnung ziehen. Die Eltern sind dagegen.		

Errungenschaftsbeteiligung

A12 Das ZGB kennt drei Güterstände. Ordnen Sie die Aussagen den Güterständen zu.

Aussage	Güter-trennung	Errungen-schafts-beteiligung	Güter-gemein-schaft
1. Gesetzlicher Güterstand	☐	☐	☐
2. Ehevertrag notwendig	☐	☐	☐
3. Ordentlicher Güterstand	☐	☐	☐
4. Gilt, wenn nichts anderes vereinbart	☐	☐	☐
5. Grösster Teil des Ehevermögens gemeinsam	☐	☐	☐
6. Kein gemeinsames Vermögen	☐	☐	☐
7. Meist verwendeter Güterstand	☐	☐	☐

A13 Albert Berger und Claudia Dähler sind verheiratet. Sofern Albert und Claudia keinen Ehevertrag abgeschlossen haben, wird ihr Vermögen nach dem ordentlichen gesetzlichen Güterstand der Errungenschaftsbeteiligung aufgeteilt.
Was sind laut Gesetz Errungenschaft und Eigengut? Schlagen Sie im ZGB (ZGB 196–220) nach und fassen Sie die Punkte zusammen.

Errungenschaft	Eigengut

A14 Entscheiden Sie, ob die Aussagen richtig oder falsch sind.

Aussage	richtig	falsch
Ausgezahlte Renten (AHV/PK) sind Errungenschaft.	☐	☐
Erbschaften werden der Errungenschaft zugerechnet.	☐	☐
Zinsen des eingebrachten Vermögens bleiben Eigengut.	☐	☐
Was man in die Ehe mitbringt, bleibt Eigengut.	☐	☐

A15 Bei der Eheschliessung hat Albert Berger Ersparnisse von Fr. 20000.– und seine Partnerin Claudia Dähler solche von Fr. 30000.–. Weil Claudia kurz nach der Heirat schwanger wird, kündigt sie ihre Stelle als Floristin. Albert, der als Ingenieur einen hohen Lohn erzielt, kann im Verlauf der Jahre weitere Fr. 50000.– sparen. Claudia erbt von ihrem Vater Fr. 100000.–. Sie legt dieses Geld an und erzielt im Verlauf der Jahre einen Zinsertrag von Fr. 20000.–. Drei Jahre nach der Heirat erleidet Claudia einen schweren Verkehrsunfall, der entstellende Narben im Gesicht und bleibende Gesundheitsschäden am rechten Bein zur Folge hat. Sie erhält von der Versicherung deshalb ein Schmerzensgeld von Fr. 30000.–. Zehn Jahre nach der Heirat stirbt Albert. Neben Claudia hinterlässt er zwei Kinder. Stellen Sie die güterrechtliche Situation in der unten stehenden Tabelle dar.

Vermögen Claudia				Hinterlassenschaft Albert			
Eigengut		**Errungenschaft**		**Eigengut**		**Errungenschaft**	
Stichwort	Betrag (Fr.)	Stichwort	Betrag (Fr.)	Stichwort	Betrag (Fr.)	Stichwort	Betrag (Fr.)
Total Eigengut		Total Errungenschaft		Total Eigengut		Total Errungenschaft	
Total nach Aufteilung			+	Total nach Aufteilung			+
			+				+

A16 Das Eigengut von Thomas betrug bei der Eheschliessung Fr. 15 000.–. Seine Frau Edith wies zum gleichen Zeitpunkt Eigengut in der Höhe von Fr. 12 000.– aus. Die Errungenschaft von Thomas beläuft sich auf Fr. 35 000.– und die von Edith auf Fr. 40 000.–. Thomas stirbt. Wie viel erbt ihre Tochter Isabel?

Güterrechtliche Auseinandersetzung

Erbrechtliche Teilung

A17 Sebastian und Graziella sind seit acht Jahren verheiratet. Beide sind erwerbstätig und haben sich im Verlaufe ihrer gemeinsamen Ehejahre auseinandergelebt. Im gegenseitigen Einvernehmen beantragen sie die Scheidung. Sebastian hat Bargeld im Wert von Fr. 400 000.– und Graziella Gegenstände im Wert von Fr. 80 000.– in die Ehe eingebracht. Von seinen Eltern hat Sebastian Fr. 300 000.– geerbt. Seinen Ersparnissen kann er aus geleisteter Arbeit Fr. 60 000.– hinzufügen. Graziella hat Fr. 150 000.– aus geleisteter Arbeit gespart. Wie sieht die güterrechtliche Auseinandersetzung aus?

Eigengut Sebastian:	Eigengut Graziella:
Errungenschaft Sebastian:	Errungenschaft Graziella:
Sebastian erhält:	Graziella erhält:

Wohnen und Miete

A18   In wenigen Wochen oder Monaten werden Sie einen Arbeitsvertrag unterschreiben und möchten von zu Hause ausziehen.

a) Finden Sie heraus, wie hoch Ihr Lohn nach der Lehre sein wird, damit Sie abschätzen können, wie viel Geld Sie für das Wohnen ausgeben können.

_____

_____

_____

_____

b) Welche Wohnformen würden Ihnen entsprechen? Beschränken Sie sich auf zwei bevorzugte Wohnformen und begründen Sie Ihre Antwort stichwortartig.

Wohnform	Begründung

c) Vergleichen Sie die beiden Wohnformen miteinander. Nennen Sie für jede Wohnform mindestens zwei Vor- und zwei Nachteile.

Wohnform:

Vorteile	Nachteile

Wohnform:

Vorteile	Nachteile

d) Suchen Sie im Internet oder in der Zeitung nach Wohnungsangeboten, die Ihren Bedürfnissen und Wünschen, aber auch Ihrem Budget entsprechen. Begründen Sie Ihre Auswahl in vollständigen Sätzen.

_____

_____

_____

_____

A19   Beat und Regine Fischer haben die Wohnung ihrer Träume gefunden. Obschon der Mietzins monatlich Fr. 2000.– beträgt, wollen sie die Wohnung mieten. Beim Unterzeichnen des Mietvertrages verlangt die Vermieterin von ihnen eine Sicherheit in der Höhe von Fr. 8000.–. Muss Familie Fischer auf diese Forderung eintreten?

....

....

....

....

A20   Nennen Sie je zwei Vor- und Nachteile der Mietzinskautionsversicherung für die Mieterin oder den Mieter.

....

....

....

A21   Beim Einzug in eine neue Wohnung wird in der Regel ein Übernahmeprotokoll erstellt.

a) Was wird eigentlich protokolliert?

....

....

b) Wer sollte das machen?

....

....

c) Wer unterschreibt und bestätigt damit den Inhalt?

....

A22   Kreuzen Sie an, ob folgende Aussagen zur Miete richtig oder falsch sind. Korrigieren Sie die falschen Aussagen. Geben Sie zudem das entsprechende Gesetz und den Artikel an.

Aussage	richtig	falsch	Korrektur	Gesetz/Artikel
Ein Mietvertrag muss schriftlich sein.	☐	☐		

Aussage	richtig	falsch	Korrektur	Gesetz/Artikel
Der Vermieter kann jederzeit ohne Vorankündigung «seine» Mietwohnungen besichtigen.	☐	☐		
Ein Mietvertrag kann für bewegliche wie für unbewegliche Sachen abgeschlossen werden.	☐	☐		
Der Mieter kann ohne Zustimmung des Vermieters jederzeit Veränderungen vornehmen, sofern sie wertvermehrend sind.	☐	☐		

A23 Im Mietvertrag sind Rechte und Pflichten von Vermieter und Mieter nach OR geregelt. Notieren Sie in der Tabelle je zwei Pflichten des Mieters und des Vermieters.

Pflichten des Mieters	Pflichten des Vermieters

A24 Wofür haftet der Mieter nicht?

- ☐ Für absichtlich verursachte Schäden.
- ☐ Für Schäden infolge unsorgfältiger Behandlung.
- ☐ Für Schäden infolge normaler Abnützung.
- ☐ Für Schäden, die beim Einzug in die Wohnung schon vorhanden waren (im Übergabeprotokoll vermerkt).

A25 Entscheiden Sie für die einzelnen Situationen, wer für den Mangel aufkommen muss.

Situation	Vermieter	Mieter
Die Toilettenschüssel hat einen Riss.	☐	☐
Die Glühbirne im Eingangsbereich ist defekt.	☐	☐
Die Gummidichtung des Fensters ist defekt.	☐	☐
Der Backofen heizt nicht mehr auf.	☐	☐
Die Fensterscheibe im Wohnzimmer weist einen Sprung auf.	☐	☐

A26 In einem Miethaus funktioniert das Heizsystem derart schlecht, dass Sie gezwungen sind, zusätzlich mit einem Elektroofen zu heizen.

a) Wer muss für die Reparatur der Heizung aufkommen? Erklären Sie weshalb.

b) Beschreiben Sie stichwortartig drei Möglichkeiten, die Sie als Mieter haben, um auf diese Situation zu reagieren.

c) Nachdem Sie den Vermieter mehrere Male aufgefordert haben, diesen Missstand zu beheben, kündigt Ihnen der Vermieter auf den nächstmöglichen Zeitpunkt. Bei einem Gespräch sagt Ihnen der Vermieter, er könne auf solche Mieter wie Sie verzichten; er finde sicher einen anderen, der nicht so ein «Gfrörli» sei. Warum und wie können Sie sich gegen diese Kündigung wehren?

A27 Suchen Sie im OR die gesetzlichen Bestimmungen zu den aufgeführten Begriffen. Nennen Sie den Artikel und halten Sie stichwortartig fest, was das Gesetz verlangt.

Begriff	Gesetz/Artikel	Inhalt Artikel
Vorzeitiger Auszug		
Kündigung des Mieters		
Kündigung des Vermieters		
Kündigungsfristen		

A28 Ein Freund von Ihnen bringt die Wohnungskündigung am 31. Januar auf die Post. Darin kündigt er seine Wohnung auf den 30. April. Die Kündigungstermine sind jeweils Ende Monat. Der Vermieter erklärt ihm, dass seine Kündigung ungültig sei, weil er sie erst am 1. Februar erhalten habe.

a) Stimmt das? Erklären Sie die rechtliche Situation in vollständigen Sätzen.

b) Ihr Freund hat auf den 1. Mai eine neue Wohnung gemietet. Was hat das für Konsequenzen?

A29 Sie haben vor einem halben Jahr eine 3-Zi-Wohnung gemietet. Inzwischen mussten Sie feststellen, dass die Miete für Ihre finanziellen Verhältnisse doch ein wenig zu hoch ist. Daher trifft es sich gut, dass Ihre Freundin von zu Hause ausziehen will. Sie möchte gerne bei Ihnen einziehen und die Hälfte der Miete übernehmen.

a) Wie heisst im rechtlichen Sinn dieses Mietverhältnis, wenn die Freundin den Mietvertrag nicht unterschreibt?

b) Was müssen Sie als Erstes tun, damit alles seine Richtigkeit hat und sie einziehen kann?

c) Kann der Vermieter den Einzug Ihrer Freundin verhindern? Beurteilen Sie die Rechtslage in einem vollständigen Satz.

A30 Nach fünfjähriger Mietdauer kündigen Sie Ihre Wohnung. Der Vermieter bemängelt bei der Besichtigung Folgendes:

a) Der bei Einzug neue Spannteppich (Lebensdauer etwa zehn Jahre) weist einige Brandflecken auf.

b) An verschiedenen Wänden ist durch Verfärbungen erkennbar, wo die Bilder aufgehängt waren; zudem gibt es verschiedene Dübellöcher, welche Sie mit einer entsprechenden Paste zugeklebt haben.

Er meint nun, dass Sie sowohl einen neuen Spannteppich wie auch das Neustreichen der verschiedenen Wände zu bezahlen haben.

Erklären Sie in beiden Fällen die rechtliche Situation. Schreiben Sie vollständige Sätze.

a) Spannteppich:

b) Wände:

A31 Als Sie müde von der Arbeit nach Hause kommen, teilt Ihnen der Vermieter mündlich mit, dass Sie vom nächsten Monat an Fr. 100.– mehr Miete zu bezahlen haben, weil die Miete seine Aufwendungen nicht mehr deckt.

a) An welche Bedingungen ist die Ankündigung von Mietzinserhöhungen geknüpft?

b) Welche Folgen hat diese Mitteilung für Sie?

c) Nennen Sie zwei Gründe (nach OR), die es einem Vermieter gestatten, den Mietzins zu erhöhen.

A32 Ordnen Sie die folgenden Aussagen den drei Mieterschutzmassnahmen zu.

Aussage	Schutz vor missbräuchlichen Mietzinsen	Anfechtung missbräuchlicher Kündigungen	Erstreckung des Mietverhältnisses
1. Der Auszug hätte eine Härte zur Folge.	☐	☐	☐
2. Es wird ein übersetzter Ertrag erzielt.	☐	☐	☐
3. Kündigung während eines Gerichtsverfahrens mit dem Vermieter.	☐	☐	☐
4. Eine Mietzinserhöhung ist mindestens zehn Tage vor Beginn der Kündigungsfrist mitzuteilen.	☐	☐	☐
5. Das ist bei Zahlungsverzug nicht möglich.	☐	☐	☐

A33 Pia zieht von zu Hause aus. In Bezug auf Versicherungsfragen ist sie sehr unsicher. Welche Versicherungen soll sie abschliessen, wenn sie eine eigene Wohnung bezieht? Was empfehlen Sie ihr? Begründen Sie Ihre Antwort in vollständigen Sätzen.

Versicherung	Begründung

Kreuzworträtsel

X1

Verwenden Sie die Umlaute ä, ö und ü.

Waagrecht

6. Heiratsversprechen
10. Eines der Verhütungsmittel für die Frau
15. Besichtigungsrecht der Vermieterin, ist eine Pflicht
16. Haftung, wenn mehrere Mieter den Mietvertrag unterschreiben
17. Kann der Mieter das Mietverhältnis bei einer Härte
18. So müssen Mieterkündigungen sein
20. Regelt die Beziehung gleichgeschlechtlicher Paare
22. Ordentlicher Güterstand

Senkrecht

1. Erben des 1. Stammes
2. Eines der Ehehindernisse
3. Minimaler, gesetzlich vorgeschriebener Erbschaftsanteil
4. Dort findet die zivile Trauung statt

5. Ehe ohne Trauschein
7. Dauert soweit zumutbar bis Ausbildungsende des Kindes
8. Damit kann man bestimmen, wer nach dem Ableben was erhält
9. Sicherheit bei der Miete von Wohnräumen
11. Erspartes während der Ehe
12. Gefährliche Geschlechtskrankheit (Abkürzung)
13. Braut und Bräutigam müssen volljährig und urteilsfähig sein
14. Doppelehe
19. Werden in einem Übergabeprotokoll festgehalten
21. Diese Tabelle hilft bei Abnützungsfragen
23. Weitervermietung von Räumen in der Mietwohnung
24. Erbschaft während der Ehe
25. Die Errungenschaft wird ... geteilt
26. Frauen verrichten viel mehr ... Arbeit

Kapitel 7
Arbeit und Markt

Aufgaben

Rechtliche Grundlagen des Arbeitsvertrages

A1 In welchen Gesetzen findet man Bestimmungen zum Arbeitsvertrag?

☐ Zivilgesetzbuch

☐ Obligationenrecht

☐ Arbeitsgesetz

☐ Bundesverfassung

A2 Suchen Sie im OR nach gesetzlichen Bestimmungen zum Lohn. Nennen Sie drei Artikel und halten Sie stichwortartig fest, was das Gesetz verlangt.

Gesetz/Artikel	Inhalt Artikel

Einzelarbeitsvertrag (EAV)

A3 Entscheiden Sie, ob die Aussagen zum Vertragsinhalt richtig oder falsch sind.

Aussage	richtig	falsch
1. Unbefristete Arbeitsverhältnisse haben keine Probezeit.	☐	☐
2. Wenn ich einen Schaden im Betrieb anrichte, übernimmt meine Privathaftpflichtversicherung die Kosten.	☐	☐
3. Meine Treuepflicht endet in jedem Fall mit der Vertragsauflösung.	☐	☐
4. Wenn ich für meine Arbeit Trinkgeld erhalte, darf ich das behalten.	☐	☐
5. Überstunden sind zu leisten, wenn sie betrieblich notwendig und für den Arbeitnehmer zumutbar sind.	☐	☐
6. Der Arbeitgeber entscheidet, ob Überstunden mit Freizeit kompensiert oder ausbezahlt werden.	☐	☐
7. Wenn ich den Betrieb vorzeitig verlasse, habe ich auch keinen Anspruch mehr auf eine Gratifikation.	☐	☐
8. Der 13. Monatslohn ist ein fester Lohnbestandteil.	☐	☐
9. Wenn ich ein Arztzeugnis vorweisen kann, erhalte ich immer den vollen Lohn.	☐	☐
10. Für auswärtige Arbeiten kann ich Spesen geltend machen.	☐	☐
11. Belegt mein Arztzeugnis, dass ich in den Ferien krank war oder einen Unfall hatte, kann ich diese Ferientage nachbeziehen.	☐	☐
12. Ist eine Arbeitnehmerin längere Zeit arbeitsunfähig, können ihr die Ferien gekürzt werden.	☐	☐
13. Für die Hochzeit meiner Schwester erhalte ich zwei freie Tage.	☐	☐
14. Ich kann vom Arbeitgeber jederzeit ein Arbeitszeugnis verlangen.	☐	☐
15. Der Arbeitgeber kann sich weigern, eine Arbeitsbestätigung auszustellen.	☐	☐

Arbeitszeit

A4 Suchen Sie im ArG nach gesetzlichen Bestimmungen zu Pausen und Ruhezeit. Nennen Sie den Artikel und halten Sie stichwortartig fest, was das Gesetz vorschreibt.

Gesetz/Artikel	Inhalt Artikel

A5   Welche Aussagen zur Arbeitszeit, Überzeit und Nachtarbeit sind richtig, welche falsch? Notieren Sie zu jeder Antwort das entsprechende Gesetz und den Artikel.

Aussage	richtig	falsch	Gesetz/Artikel
Auch der Weg zur Arbeit gilt als Arbeitszeit.	☐	☐	_____
Die gesamte Belegschaft arbeitet diese Woche wegen Inventaraufnahmen zwei Stunden länger. Hier spricht man von Überzeit.	☐	☐	_____
Sie müssen noch dringend etwas erledigen und arbeiten eine Stunde länger im Betrieb. Auch das nennt man Überzeit.	☐	☐	_____
Nachtarbeit wird mit dem doppelten Lohnzuschlag von Sonntagsarbeit entschädigt.	☐	☐	_____

A6   Entscheiden Sie, ob die Aussagen zur Beendigung des Arbeitsvertrags richtig oder falsch sind.

Aussage	richtig	falsch
1. Jeder Arbeitsvertrag muss gekündigt werden.	☐	☐
2. Befristete Arbeitsverträge enden ohne Kündigung nach Ablauf der vertraglich abgemachten Zeit.	☐	☐
3. Kündigungen mit falschen Fristen sind ungültig.	☐	☐
4. Liegt eine missbräuchliche Kündigung vor, muss ich beim Arbeitgeber innerhalb der Kündigungsfrist schriftlich Einsprache erheben.	☐	☐
5. Ich habe das Recht auf eine schriftliche Begründung, weshalb mir gekündigt wurde.	☐	☐
6. Kündigungen sind nach Gesetz «formlos», also auch mündlich gültig.	☐	☐
7. Im 2. bis 9. Dienstjahr beträgt die Kündigungsfrist drei Monate.	☐	☐
8. Die Kündigungsfrist läuft ab dem Zeitpunkt der Mitteilung.	☐	☐
9. Bei den Kündigungsfristen gilt das Datum des Poststempels.	☐	☐
10. Kaum habe ich die neue Stelle angetreten, bin ich nun schon seit fünf Wochen krank. Jetzt wurde mir gekündigt. Das ist doch missbräuchlich?	☐	☐
11. Aus dem Zivildienst zurück, erhält Peter nach zwei Wochen die Kündigung, weil er unzuverlässig arbeitet. Hier gilt doch die Sperrfrist?	☐	☐
12. Ihr Kollege lässt einige Dinge am Arbeitsplatz mitlaufen und wird dabei erwischt. Er hat eine halbe Stunde Zeit, den Platz zu räumen. Ist die fristlose Auflösung rechtens?	☐	☐
13. Ihnen wurde ungerechtfertigt fristlos gekündigt. Deshalb erhalten Sie noch während den nächsten sechs Monaten den Lohn weiter.	☐	☐

A7 Lösen Sie folgende kleinere Rechtsfälle zum Einzelarbeitsvertrag. Orientieren Sie sich dabei an folgenden Fragen: Um was geht es in dem Fall? Wonach suche ich im Gesetzestext? Was meint der passende Gesetzestext dazu?

Fall	Gesetz/Artikel	Beurteilung
1. Stellenantritt Jolanda Bütsch ist mit Herrn Burger einig und erhält die neue Stelle. «Am Mittwoch erhalten Sie den schriftlichen Vertrag», verspricht der Arbeitgeber. Zu Hause angekommen, findet sie ein besseres Angebot im Briefkasten. Wäre der Vertrag mündlich gültig? Muss Jolanda Bütsch die Stelle antreten?		
2. Arbeitsvertrag Daniela Frutiger erhält nach einem erfolgreichen Vorstellungsgespräch ihre erste Stelle als Coiffeuse im Coiffeursalon «Get in». Voller Stolz zeigt sie Ihnen den soeben erhaltenen Arbeitsvertrag. Der Arbeitsvertrag enthält folgende Abmachungen: • Arbeitszeit: 48 Stunden pro Woche • Probezeit: 8 Monate • Ferien: 2 Wochen pro Jahr • Kündigungsfrist: 3 Wochen Welche Abmachungen im vorliegenden Vertrag sind gesetzeswidrig? Korrigieren Sie.		
3. Formvorschrift Hans Mettler arbeitet während zweier Wochen im Betrieb eines Kollegen. Dieser verweigert Hans eine Entschädigung, da sie keinen schriftlichen Arbeitsvertrag abgeschlossen hätten. Ist der Vertrag gültig? Darf Hans eine Entschädigung erwarten?		
4. Teilzeitarbeit Teilzeitarbeit benötige einen andern Vertrag, der EAV gelte nur für einen 100%-Job, meint Ihre Kollegin. Stimmt das?		

Fall	Gesetz/Artikel	Beurteilung

5. Arbeitsleistung

Andrea Leupi tritt eine Stelle als Hauswartin an. In der dritten Woche macht sie eine Bergwanderung. An ihrer Stelle übernimmt ein Kollege Leupis Aufgabe. Darf der Kollege die Arbeit erledigen?

6. Haftung

Der siebzehnjährige Urs Bamert arbeitet seit vier Wochen auf dem Bau als «Handlanger». Nun richtet er einen grösseren Schaden an, für den ihn der Arbeitgeber haftbar machen will. Haftet Urs für den Schaden?

7. Überstunden

Petra Djurdjevic will heute Abend um 18:30 Uhr zum Fussballtraining. Wegen eines kurzfristigen Auftrages verlangt ihr Chef, dass sie Überstunden leistet. Kann sich Petra weigern?

8. Überstunden Zahlung

Petra bemerkt in ihrem Ärger, sie wolle aber für diese Überstunden mehr Lohn. «Soweit kommt's noch!», rüffelt der Chef. Wer ist im Recht?

9. Berufsgeheimnis

Salome Renggli hat während fünf Jahren in der Forschungsabteilung der Firma Hug gearbeitet. Seit zwei Monaten ist sie arbeitslos, hat aber eine andere Stelle in Aussicht. Der mögliche Arbeitgeber ist sehr an einem der Forschungsergebnisse der Firma Hug interessiert. Darf Salome gewisse Forschungsergebnisse des bisherigen Arbeitgebers beim neuen Arbeitgeber einfliessen lassen?

Fall	Gesetz/Artikel	Beurteilung

10. Schwarzarbeit

Adrian Regens arbeitet vollzeitig bei der Firma Blum als Gärtner. In seiner Freizeit erledigt er auf eigene Rechnung, natürlich billiger als seine Chefin, eigene Aufträge. Darf er das?

11. Ferien

Der Arbeitnehmer bzw. die Arbeitnehmerin bestimmt den Termin der eigenen Ferien selber. Stimmt das?

12. Ferien/Erkrankung

Marco Rossi ist in der dritten Ferienwoche krank geworden. Das ist sein Pech, die Ferien sind nun halt vorbei. Stimmt das?

13. Krankheit

Ariane Müller war in ihrem ersten Dienstjahr während dreier Monate krank. Ihre Arbeitgeberin kürzte ihr deshalb vier Wochen Ferien (= 20 Arbeitstage) um $^2/_{12}$. Hat die Arbeitgeberin korrekt gehandelt?

14. Arbeitszeugnis

Cyril Brankovic verlangt nach zweieinhalb Jahren von seinem Chef ein Zwischenzeugnis, obwohl er die Firma nicht verlassen will. Sein Chef meint, ein Zeugnis werde erst am Ende eines Arbeitsverhältnisses ausgestellt. Ist der Arbeitgeber im Recht?

15. Kündigung

Roman Kamber arbeitet seit fünf Jahren in der gleichen Firma. Er kündigt seine Stelle Mitte April.
Welche Kündigungsfrist muss Herr Kamber einhalten und wie lautet der Kündigungstermin?

A8 Studieren Sie den unten stehenden Arbeitsvertrag der Teilzeitangestellten Natalie Meyer. Setzen Sie mithilfe des OR mögliche Vertragsinhalte ein und korrigieren Sie.

Arbeitsvertrag

Arbeitgeber/Arbeitgeberin: Blitzblank AG, Schleusenstrasse 23, 9620 Wattwil

Arbeitnehmer/Arbeitnehmerin: Natalie Meyer, Am Oelberg 66, 9500 Wil

1. **Tätigkeit**
   Fachfrau Betriebsunterhalt, Reinigung von privaten Räumlichkeiten

2. **Beginn, Dauer, Pensum**
   Das Arbeitsverhältnis beginnt am 01.08.2020 und ist auf unbestimmte Zeit geschlossen.
   Das Arbeitspensum beträgt [＿＿＿＿＿] Stunden pro Woche.
   Die Arbeitseinsätze finden jeweils Montag–Freitag, zwischen 07.30–19.30 Uhr statt.

3. **Probezeit**
   Es wird eine Probezeit von [＿＿＿＿＿＿] Monaten vereinbart.

4. **Ferien**
   Die Arbeitnehmerin hat Anspruch auf [＿＿＿＿＿＿＿＿＿＿＿＿＿＿] Ferien. Der Zeitpunkt der Ferien wird durch den Arbeitgeber bestimmt, welcher jedoch auf Wünsche des Arbeitnehmers Rücksicht nimmt (OR 329c).

5. **Lohn**
Monatslohn brutto	Fr. 4000.–
Abzüge	
AHV/IV/EO 5,275%	Fr. 211.–
ALV 1,1%	Fr. 44.–
KTG 0,6%	Fr. [＿＿＿＿]
NBU [＿＿＿]	Fr. 60.–
Monatslohn netto	Fr. [＿＿＿＿]

   Der Lohn wird jeweils Ende Monat ausgerichtet.

6. **Lohn bei Verhinderung des Arbeitnehmers an der Arbeitsleistung**
   Die Lohnfortzahlung bei unverschuldeter Verhinderung der Arbeitnehmerin aus Gründen, die in ihrer Person liegen, wie Krankheit, Unfall, Erfüllung gesetzlicher Pflichten, Ausübung eines öffentlichen Amtes oder Schwangerschaft, richtet sich im Allgemeinen nach dem Normalarbeitsvertrag für Haushaltsangestellte des Kantons St. Gallen.
   Die Pflicht zum Abschluss einer Krankentaggeldversicherung wird ausgeschlossen.
   Soweit die Arbeitnehmerin auf Grund gesetzlicher Vorschrift gegen die wirtschaftlichen Folgen unverschuldeter Arbeitsverhinderung aus Gründen, die in ihren Personen liegen, obligatorisch versichert ist, wie z.B. bei Unfall, Militärdienst oder Mutterschaft, gilt die Regelung von OR 324b.

7. **Überstunden**
   Überstunden müssen bei betrieblicher Notwendigkeit geleistet werden. Überstunden werden mit Freizeit von [＿＿＿＿] Dauer oder einem Lohnzuschlag von [＿＿＿＿] abgegolten [OR＿＿＿].

8. **Kündigung unbefristetes Arbeitsverhältnis**
   Während der Probezeit kann das Arbeitsverhältnis von beiden Seiten jederzeit mit einer Frist von [＿＿＿＿＿＿] Kalendertagen gekündigt werden.
   Nach Ablauf der Probezeit kann das Arbeitsverhältnis jeweils per [＿＿＿＿＿] Monat mit den folgenden Fristen gekündigt werden: 1. Dienstjahr: [＿＿＿＿＿], 2. bis 9. Dienstjahr: [＿＿＿＿＿] ab 10. Dienstjahr: [＿＿＿＿＿] [OR＿＿＿]

9. **Allgemeine Bestimmungen**
   Im Übrigen gelten die gesetzlichen Bestimmungen des NAV Hauswirtschaft des Bundes und des kantonalen NAV für Haushaltsangestellte. Änderungen und Ergänzungen sind nur schriftlich gültig.

Ort, Datum

Arbeitgeber/Arbeitgeberin   Arbeitnehmer/Arbeitnehmerin

Quelle: http://www.seco.admin.ch/keine-schwarzarbeit/

Gesamtarbeitsvertrag (GAV)

A9 Beschreiben Sie in einem vollständigen Satz, welchen Vorteil Arbeitnehmende von Berufsbranchen mit einem Gesamtarbeitsvertrag gegenüber Arbeitnehmenden mit einem Normalarbeitsvertrag ohne GAV haben.

A10 Welche Aussagen zum Gesamtarbeitsvertrag sind richtig, welche falsch?

Aussage	richtig	falsch
Der GAV wird zwischen Arbeitgeber und Arbeitnehmer abgeschlossen.	☐	☐
Die Bestimmungen des OR sind für den Arbeitnehmer günstiger als die Regelungen in einem GAV.	☐	☐
Der Bundesrat oder der Regierungsrat eines Kantons kann einen GAV für allgemeinverbindlich erklären.	☐	☐
Ein GAV hat keinen Einfluss auf den Arbeitsfrieden in der Schweiz.	☐	☐

A11 Erklären Sie in einem vollständigen Satz, was die «Friedenspflicht» im GAV bedeutet.

Konjunkturverlauf

A12 Ordnen Sie der folgenden Kurve und den nachstehenden Aussagen die jeweiligen «Smileys» der Konjunkturphase zu.

1) Aufschwung/Erholung ☺
2) Hochkonjunktur/Boom ☺☺
3) Abschwung ☹
4) Rezession ☹☹

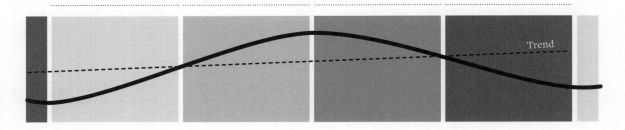

Aussage	Smiley
a) Es herrscht eine optimistische Stimmung.	
b) Die Produktionsanlagen laufen auf Hochtouren und sind voll ausgelastet.	
c) Die Preise von Immobilien steigen.	
d) Die Löhne der Arbeitnehmenden steigen immer noch. Die Gewinne der Unternehmen sind riesig.	
e) Es herrscht hohe Arbeitslosigkeit, mehr und mehr Firmen melden den Konkurs an.	
f) Die Nachfrage nach Geld sinkt, dadurch sinken auch die Zinssätze.	
g) Es herrscht eine allgemein pessimistische Stimmung.	
h) Die privaten Haushalte sparen vermehrt, da sie nicht wissen, wie die Zukunftsaussichten sind. Sie befürchten Lohnkürzungen, Kurzarbeit und eventuell sogar Arbeitslosigkeit.	
i) Es werden viele neue Arbeitsplätze geschaffen.	
j) Die Arbeitslosenzahlen sind rückläufig.	
k) Die Börsenkurse fallen.	
l) Investitionen bleiben aus.	
m) Die Aufträge nehmen zu.	
n) Es herrscht Vollbeschäftigung.	

A13 Beschreiben Sie in vollständigen Sätzen zwei Massnahmen, mit denen der Staat auf die Konjunkturschwankungen reagieren kann.

....

....

....

....

....

....

....

....

Arbeitslosigkeit

A14 Betrachten Sie die Grafik zu den Arbeitslosenquoten im Grundlagenbuch (siehe Seite 254, Tiefe Arbeitslosigkeit).

a) Was fällt auf? Formulieren Sie zwei Aussagen.

....

....

b) Wie steht die Schweiz im europäischen Vergleich da?

....

....

A15 Betrachten Sie die Grafik zur Armut in der Schweiz auf der Seite 255. Formulieren Sie zwei Feststellungen, welche Sie doch ein wenig nachdenklich stimmen.

....

....

....

Stabile Preise, Inflation und Deflation

A16 Setzen Sie im folgenden Text die zutreffenden Begriffe in die Lücken.

erhöhen, Teuerungsausgleich, Inflation, Renten, Kaufkraft, Verlierern, mehr, Krisen, Schuldner, Geld, Zinssatz, kaufen, Teuerung (2x), Wert, kleiner, Reallohn

Die Inflation ist eine Schwächung der _____. Wenn die Preise laufend steigen, spricht man von _____ oder eben _____. Insbesondere in _____- Zeiten verliert das _____ schnell an _____.

Herrscht Inflation, kann ich mit meinem Lohn nicht mehr gleich viel _____. Die Gleichung dazu heisst: Nominallohn (Lohnausweis) – Teuerung = _____.

Mit dem _____ bleibt die Kaufkraft erhalten.

Rentner gehören zu den _____ bei der Inflation, weil die Pensionskassen die _____ nicht ständig der _____ anpassen. Wenn die Inflationsrate grösser ist als der _____ auf Sparkapital, wird das Vermögen der Sparer immer _____. Schuldet ein Schuldner einem Gläubiger Geld, profitiert bei einer Inflation nur der _____. Der Staat ist sowohl Gewinner als auch Verlierer: Einerseits _____ sich seine Steuereinnahmen, andererseits muss er für Güter und Löhne auch _____ ausgeben.

Warenkorb

A17 Nennen Sie die fünf grössten Ausgabenkategorien der privaten Haushalte im «Warenkorb» (aktueller Landesindex der Konsumentenpreise).

_____

_____

_____

_____

Nachhaltige Staatsfinanzierung

A18   Betrachten Sie die Grafik zu Schulden von Bund, Kantonen und Gemeinden im Grundlagenbuch (siehe Seite 261, Nachhaltige Staatsfinanzierung).

a) Wie haben sich die Schulden im Verlaufe der Jahre entwickelt?

b) Was könnte der Grund für die Wende ab dem Jahre 2004 sein?

A19   Welche Aussagen zur nachhaltigen Staatsfinanzierung sind richtig, welche falsch?

Aussage	richtig	falsch
1. Um Schulden zu bezahlen, kann der Staat die SNB auffordern, mehr Geld zu drucken.	☐	☐
2. Die Schuldenbremse bedeutet, dass der Staat keine Schulden mehr machen darf.	☐	☐
3. Der Staat darf nicht mehr Geld ausgeben, als er eingenommen hat.	☐	☐
4. Nachhaltig meint, dass die nächste Generation auch noch Schulden haben soll.	☐	☐
5. In wirtschaftlich guten Zeiten soll der Staat Rückstellungen machen.	☐	☐
6. In einer Rezession darf der Staat ein Defizit in der Höhe der Rückstellungen machen.	☐	☐
7. Braucht der Staat mehr Geld, kann er einfach die Steuern erhöhen.	☐	☐
8. Die Schuldenbremse wirkt nur in einer wirtschaftlichen Depression.	☐	☐
9. Nachhaltigkeit bedeutet, dass die Schulden nicht einfach auf die nächste Generation abgewälzt werden sollen.	☐	☐
10. Die Schuldenbremse wirkt über einen ganzen Konjunkturzyklus.	☐	☐

Wirtschaftssektoren

A20   Betrachten Sie die Entwicklung der Erwerbstätigen nach Sektoren auf der Seite 262. Wie haben sich die drei Sektoren entwickelt? Formulieren Sie je eine Aussage zu deren Entwicklung. Nennen Sie für die Entwicklung im entsprechenden Sektor je einen möglichen Grund.

A21   Die Schweiz hat sich in den letzten 170 Jahren von einer Agrarwirtschaft über die Industriewirtschaft zu einer Dienstleistungswirtschaft entwickelt. Welche Auswirkungen hat dies auf die Zahl der Erwerbstätigen in den drei Sektoren?

A22   Ordnen Sie die Branchen/Berufe den Wirtschaftssektoren zu. Verbinden Sie jede Branche/jeden Beruf mit dem passenden Sektor.

Sektor	Branche/Beruf
	Versicherungen
1. Sektor	Schreinerei
	Fahrzeuggarage
	Bauern
	Hausärzte
2. Sektor	Baugeschäfte
	Forstwarte
	Hotelbetriebe
	Berufsfischer
3. Sektor	Gemeindeverwaltung
	Banken

Globalisierung

A23   Die Globalisierung der Wirtschaft hat sich in den letzten Jahren beschleunigt. Besonders eindrücklich sieht man dies an der Zunahme des grenzüberschreitenden Warenhandels. Worauf ist dies zurückzuführen? Kreuzen Sie die richtigen Aussagen an.

☐   Die Transportmöglichkeiten sind schneller und billiger geworden.

☐   Die Einführung von neuen Zöllen erleichtert den Handel.

☐   Die Waren werden dort hergestellt, wo es am billigsten ist.

☐   Für die Schweiz hat der Import und Export eine geringe Bedeutung.

A24 Notieren Sie zu jedem Bereich der Globalisierung ein praktisches Beispiel.

Bereich	Beispiel
Globalisierung der Wirtschaft	
Globalisierung der Finanz-märkte	
Globalisierung der Politik	
Globalisierung der Kultur	
Globalisierung der Umwelt	

Schweiz in der globalisierten Wirtschaft

A25 Was können Sie und was kann der Staat zur Stärkung des Wirtschaftsstandortes Schweiz beitragen, damit die hohe Lebensqualität in unserem Land erhalten bleibt?

Sie:

Der Staat:

A26 Warum ist die Schweiz eines der am stärksten globalisierten Länder der Welt?
Verwenden Sie für Ihre Erklärung die Begriffe *Importe*, *Exporte*, *BIP*, *Banken*, *Produkte*, *Dienstleistungen* und *Wohlstand*. Schreiben Sie vollständige Sätze.

A27 Dank globalen Welthandels ist der Wohlstand vielerorts gestiegen. Die Globalisierung birgt aber auch grosse Risiken, wie uns die Immobilienkrise in den USA und die daraus entstandene weltweite Wirtschaftskrise deutlich vor Augen geführt haben. Beschreiben Sie zwei mögliche Gefahren der Globalisierung für die Schweiz.

A28 Betrachten Sie die Grafik zum Weltgüterhandel im Grundlagenbuch (siehe Seite 267, Schweiz in der globalisierten Wirtschaft).

a) Was stellen Sie fest? Formulieren Sie zwei Aussagen.

b) Wie steht die Schweiz im internationalen Vergleich da?

A29 Betrachten Sie die Grafik zu den Exportgütern der Schweiz im Grundlagenbuch (siehe Seite 267f., Schweiz in der globalisierten Wirtschaft).

a) Welches sind die vier Exportschlager der Schweiz? Notieren Sie diese.

b) Bei welchen Produkten ist die Schweiz vom Ausland abhängig? Notieren Sie deren vier.

A30 Betrachten Sie die Grafik mit den wichtigsten Handelspartnern der Schweiz im Grundlagenbuch (siehe Seite 268, Schweiz in der globalisierten Wirtschaft).

a) Was stellen Sie fest? Formulieren Sie zwei Aussagen.

b) Wieso ist eine gute wirtschaftliche Beziehung zur EU wichtig?

A31 Welche Aussagen zum Handelspartner Schweiz sind richtig, welche falsch?

Aussage	richtig	falsch
1. Die Schweiz treibt am meisten Handel mit den USA.	☐	☐
2. Aus Deutschland führt die Schweiz rund 30% der Importe ein.	☐	☐
3. Rund 50% der Exporte führt die Schweiz in die Europäische Union aus.	☐	☐
4. Aus China importieren wir doppelt so viel, wie wir exportieren.	☐	☐
5. Pro Tag setzt der Handel mit der EU eine Milliarde Franken um.	☐	☐
6. Deutschland ist der grösste Exportpartner der Schweiz.	☐	☐

A32 Notieren Sie typisch Schweizerisches, was den Namen «Swissness» tragen darf.

Dienstleistungsbetriebe	
Lebensmittel	
Industrielle Produkte	

A33 Die Globalisierung kennt nicht nur Gewinner, es gibt auch Verlierer und etliche Schattenseiten dieses weltweiten Handels. Wer gehört zu den Gewinnern, wer zu den Verlierern? Welche Schattenseiten gibt es? Beantworten Sie die Fragen anhand von konkreten Beispielen.

Gewinner:

Verlierer:

Schattenseiten der Globalisierung:

Kreuzworträtsel

X1

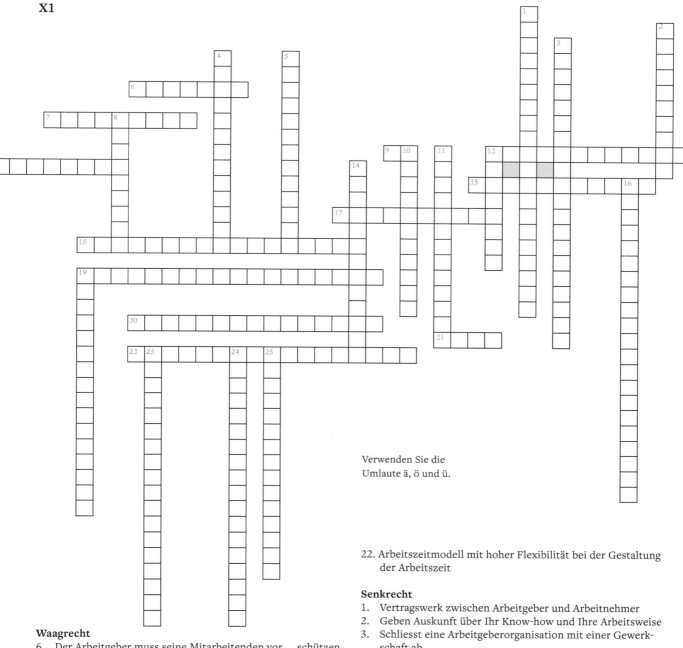

Verwenden Sie die
Umlaute ä, ö und ü.

22. Arbeitszeitmodell mit hoher Flexibilität bei der Gestaltung
der Arbeitszeit

Senkrecht
1. Vertragswerk zwischen Arbeitgeber und Arbeitnehmer
2. Geben Auskunft über Ihr Know-how und Ihre Arbeitsweise
3. Schliesst eine Arbeitgeberorganisation mit einer Gewerkschaft ab
4. Kasse mit Kapitaldeckungsverfahren (individuelle Rente)
5. Eine Sondervergütung bei gutem Geschäftsgang oder guter
Leistung
8. Einer der organisatorischen Grundsätze
10. Zeigt auf, wie sich ein Betrieb organisiert hat
11. Form der Kündigung nach OR (2 Worte)
12. Grund für eine fristlose Kündigung auf Arbeitgeberseite
14. Ein Arbeitsvertrag muss sich an dieses Gesetz halten
16. Bei welcher Versicherung gilt das Prinzip «Eingliederung in
die Arbeitswelt vor Rente»
19. Eine Pflicht des Arbeitnehmers zum Umgang mit Geräten
und Material
23. Rechtsform einer Unternehmung
24. Gibt Auskunft über Art und Dauer der Beschäftigung
25. Kann man berufsbegleitend oder im Anschluss an die berufliche Grundbildung erlangen

Waagrecht
6. Der Arbeitgeber muss seine Mitarbeitenden vor ... schützen
7. Nach mehr als 3 Monaten Arbeit ist die Lohnfortzahlung
auch bei ... gewährleistet
9. Zahlt z. B. bei Militärdienst oder Schwangerschaft bis 80 %
des versicherten Lohnes (Abkürzung)
12. Zeitspanne, in welcher der Arbeitgeber nicht kündigen darf
13. Zu Beginn eines Arbeitsverhältnisses – dauert maximal
3 Monate
15. Muss meistens ab dem 3. Tag, an dem man fehlt, im Betrieb
vorgelegt werden
17. Gehört zu einer Stellenbewerbung
18. Darauf basiert die Altersvorsorge in der Schweiz
19. Damit kommt man im Erlebensfall mehr schlecht als recht
über die Runden (2 Worte)
20. Bieten Weiterbildungsmöglichkeiten auf Tertiärstufe an
21. Rechtsform einer Unternehmung mit nur
20000 Franken Mindestkapital (Abkürzung)

Lernaufgabe

Die Schweiz und die EU – ein Unternehmens- oder Personenportrait

L1

Ausgangslage
Die Beziehung zwischen der Schweiz und der EU ist unter anderem deshalb wichtig, weil viele Schweizer Unternehmen Waren in den EU-Raum exportieren und viele Personen aus dem EU-Raum in der Schweiz arbeiten (siehe Kapitel 7.8).

Auftrag
Portraitieren Sie entweder ein Unternehmen, das Waren in den EU-Raum exportiert (Unternehmensportrait) oder eine Person aus dem EU-Raum, die in der Schweiz arbeitet (Personenportrait). Bei der Erstellung des Unternehmens- oder Personenportraits ist ein persönlicher Kontakt wichtig, wobei beim Unternehmensportrait auch andere Quellen hilfreich sind (z. B. Homepage). In Ihrem Portrait sollten folgende Fragen beantwortet werden:

Unternehmensportrait
- Welches Produkt wird in die EU exportiert?
- Wieso wird das Produkt in die EU exportiert?
- Wie wird das Produkt in die EU exportiert? Was geschieht am Zoll?
- Was sind Herausforderungen beim Exportieren von Produkten?
- Welche Bedeutung haben die bilateralen Verträge der Schweiz mit der EU für das Unternehmen?

Personenportrait
- Was hat Sie in die Schweiz geführt?
- Unterscheidet sich die Schweizer Kultur von der Kultur Ihres Heimatlandes? Wenn ja, wie?
- In welcher Branche arbeiten Sie?
- Wieso arbeiten Sie in der Schweiz?
- Welche Bedingungen müssen erfüllt sein, damit eine Person aus dem EU-Raum in der Schweiz arbeiten kann?
- Was sind die Herausforderungen für eine Person aus dem EU-Raum in der Schweiz zu arbeiten?

Produkt
Schriftliches Unternehmens- oder Personenportrait

Kriterien
- Das Portrait ist informativ und ausführlich.
- Im Portrait werden die wesentlichen Fragen beantwortet.
- Die Bedeutung der bilateralen Verträge für das Unternehmen/die Person kommt nachvollziehbar zum Ausdruck
- Das Portrait ist gut strukturiert und sprachlich korrekt.

Individuelle Lösungen

Kapitel 8
Lehrabschluss und Zukunft

Aufgaben

Berufliche Zukunft

A1 Setzen Sie Pfeile für mögliche Wege der Weiterbildung von links nach rechts ein.

⟶ Direkter Weg   - - - ➤ Zusatzqualifikation nötig

Eidgenössisches Berufsattest EBA		Berufsmaturität		Eidg. Berufs- und höhere Fachprüfungen

Höhere Fachschulen

Eidgenössisches Fähigkeitszeugnis EFZ				Fachhochschulen

Schulen Sek II		Gymnasiale Maturität		Universitäten/ETH

Stellensuche

A2 Sie stellen für eine Blindbewerbung ein Dossier zusammen, das ein Bewerbungsschreiben, einen Lebenslauf, ein Arbeitszeugnis und eventuell weitere Beilagen enthält. Welche Elemente gehören in den Lebenslauf?

_____

_____

_____

_____

_____

_____

A3 Was bewirken folgende Fragen bei der personalverantwortlichen Person an einem Vorstellungsgespräch: Mit welchen Kolleginnen und Kollegen würde ich zusammenarbeiten? Welche Weiterbildungsmöglichkeiten habe ich im Unternehmen? Erklären Sie, warum dies gute Fragen sind.

_____

_____

_____

_____

Jugendarbeitslosigkeit

A4 Benno arbeitet seit einem Jahr als Koch in der Küche eines Hotels in Davos. Er rechnete damit, dass er weiterhin im Betrieb bleiben kann. Da im Hotel zu viele Angestellte arbeiten und weil wegen des tiefen Eurokurses weniger Touristen die Schweiz besuchen, erhält er nun aber dennoch die Kündigung.

a) Wie wird diese Arbeitslosigkeit genannt?

b) Was müssen Arbeitslose, die ihre Arbeit ohne Selbstverschulden verloren haben, bereits während der Kündigungsfrist unternehmen, damit sie später Arbeitslosengeld erhalten?

c) Spätestens am ersten Tag der Arbeitslosigkeit müssen sich Arbeitslose an zwei Stellen anmelden. Welche Stellen sind gemeint?

d) Damit Arbeitslose ihre Bemühungen bezüglich Stellensuche im RAV vorweisen können, müssen sie ein Protokoll schreiben und entsprechende Belege aufbewahren. Nennen Sie solche Belege.

e) Welches Ziel hat beim RAV oberste Priorität?

Weitere Informationen finden Sie unter www.arbeit.swiss/secoalv/de/home.html oder https://www.ch.ch/de/arbeitslosigkeit-anmelden/

Finanzierung der Staatstätigkeit

A5 Studieren Sie die Tabelle zu den Einnahmen und Ausgaben des Bundes im Grundlagenbuch (siehe Seite 281, Finanzierung der Staatstätigkeit).

a) Welches sind die jeweils grössten Einnahme- und Ausgabeposten der Schweiz?

b) Formulieren Sie zu den Einnahmen und Ausgaben je eine weitere treffende Aussage.

A6   Welche zwei grundsätzlichen Arten von Steuern gibt es? Ergänzen Sie die Tabelle mit entsprechenden
Angaben.

Steuerarten		
Beispiele		

A7   Setzen Sie im folgenden Text die zutreffenden Begriffe in die Lücken.
steigenden, Geringverdiener, Umverteilung, Vermögen, höher, prozentual, Einkommen, Steuerprogression,
Vielverdiener

Die _____ führt zu einer überproportional _____ steuer-

lichen Belastung bei steigendem _____ bzw. _____ . Hö-

here Einkommen werden also nicht nur absolut _____ besteuert, sondern auch

_____ . Einfach gesagt soll ein _____ beispielsweise die Hälfte

seines Einkommens abgeben, ein _____ nur einen Zehntel. Das führt somit zu

einer _____ .

A8   Ihr Geld auf Ihrem Sparkonto wirft Ende Jahr einen Zins ab. Berechnen Sie bei den folgenden drei
Beispielen die Verrechnungssteuer.
Aktuell (2020) erhalten Sie bei der St. Galler Kantonalbank auf dem Jugendsparkonto 0,5 % Zins
(bis Fr. 20 000.-). Der Zins bei einem ordentlichen Sparkonto liegt bei 0.025 %.

Sparkapital	Zinssatz	Brutto Zins	Verrechnungssteuer an Bundeskasse	Zins an Sparer
Fr. 18 000.–	0,5 %	Fr.	Fr.	Fr.
	0,025 %	Fr.	Fr.	Fr.
Fr. 50 000.–	0,5 %	Fr.	Fr.	Fr.
	0,025 %	Fr.	Fr.	Fr.
Fr. 80 000.–	0,75 %	Fr.	Fr.	Fr.
	0,025 %	Fr.	Fr.	Fr.

A9 Teilen Sie die aufgeführten Begriffe betreffend der Steuererklärung in Einkommen und Vermögen ein.

Begriff	Einkommen	Vermögen
Private Schulden	☐	☐
Sozialabzüge	☐	☐
Berufsauslagen	☐	☐
Sparkapital	☐	☐
Fahrzeug	☐	☐
Schuldzinsen	☐	☐
Lohn	☐	☐
Versicherungsprämien	☐	☐
Wertschriften	☐	☐
Nebeneinkünfte	☐	☐

A10 Füllen Sie unter Anleitung der Lehrperson eine Steuererklärung online aus. Verwenden Sie dazu die unten aufgeführte «Musterperson».

Zusammenstellung: (Reg Nummer ....)

Vreni Muster, Mustergarten 11, 9000 St. Gallen

Geb: 11.11.XX (21-jährig) / reformiert

ledig, ohne Kinder, lebt mit dem Freund zusammen

Beruf: Ihr Beruf, fertig ausgebildet

Arbeitgeber: Alpstein AG, Oberstrasse 12, 9000 St. Gallen

Arbeitsweg: 19,6 km pro Weg / ÖV Bahnhof bis Betrieb Fr. 9.–/Strecke (Monat Fr. 216.–)

1	Lohn gemäss Lohnausweis 20xx (Nettolohn II)	44 720.00
2	Postkonto – Lohnkonto Nr. 85-6587-1	
	(Kontostand am 31.12.XX)	4 365.65
	Bruttozins	6.65
3	Jugendsparkonto bei der Appenzeller Kantonalbank Nr. XL361	
	(Kontostand am 31.12.XX)	12 365.65
	Bruttozins	61.80
4	Obligation bei Raiffeisenbank Wil Nr. 888395	5 000.00
	Kauf: 18.03.09, Laufzeit 8 Jahre	
	Zins 0,5 %	
5	Auto: VW Golf GTI	
	Neuwert: 2013 (38 000.–)	

6	Arbeitsweg: 19,6 km pro Weg	
	ÖV Bahnhof bis Betrieb Fr. 9.–/Strecke (Monat Fr. 216.–)	
	Mittagessen ohne Vergünstigung des Arbeitgebers im Restaurant (5-Tage-Woche, 4 Wochen Ferien)	
7	Weiterbildungskurs: «Teamführerin»	1 254.00
	Auslagen für Bücher, Material, Kursgeld usw.	
8	Krankenkassenprämie: pro Monat Fr. 330.00	3 960.00
9	Freiwillige Zuwendungen: (Krebsliga Schweiz)	385.00
10	Beiträge Säule 3a	3 000.00

A11 Studieren Sie die Grafik über die Steuerprogression im Grundlagenbuch (siehe Seite 283, Besteuerungsformen und Besteuerungsarten).

a) Vergleichen Sie die untersten 50% der Steuerpflichtigen mit dem obersten Prozent. Formulieren Sie dazu zwei sachliche Aussagen.

b) Wie gerecht finden Sie die Verteilung der Anteile der Einkommen und der Steuereinnahmen? Begründen Sie Ihre Antwort.

Geldanlagemöglichkeiten

A12 Grundsätzlich gilt für Kapitalanlagen: Je höher die Rendite, desto ...

- ☐ kurzfristiger muss die Kapitalanlage sein.
- ☐ höher das Risiko.
- ☐ sicherer die Geldanlage.
- ☐ besser die Schuldnerqualität.

A13 Sie haben im Lotto Fr. 100 000.– gewonnen und überlegen sich verschiedene Anlagemöglichkeiten. Je nach Strategie verändern sich die Rendite, die Sicherheit und die Verfügbarkeit.

Setzen Sie je nach Strategie ein: g = gross, k = klein, m = mittel

Anlagestrategie	Rendite	Sicherheit	Verfügbarkeit
Sie sagen niemandem etwas und verstecken das Geld zu Hause unter der Matratze.	___	___	___
Sie bringen das Geld auf Ihr Sparkonto bei der Kantonalbank.	___	___	___
Sie kaufen Aktien, welche in letzter Zeit stark gestiegen sind.	___	___	___

Anlagestrategie	Rendite	Sicherheit	Verfügbarkeit
Sie eröffnen bei Ihrer Bank ein Anlagesparkonto.			
Sie teilen das Geld auf:			
• etwas auf das Anlagesparkonto,			
• etwas auf Ihr Lohnkonto			
• und den Rest legen Sie in Aktien an, von der Bank empfohlen.			

A14 Welche Aussage ist richtig, welche falsch?
Wenn ich von einer Bank eine Kassaobligation kaufe, …

Aussage	richtig	falsch
bin ich Gläubiger der Bank.	☐	☐
kann ich mein Geld jederzeit zurückverlangen.	☐	☐
erhalte ich einen zum Voraus festgesetzten Zins.	☐	☐
bin ich Teilhaber der Bank.	☐	☐

A15 Welche Aussage ist richtig, welche falsch?
Als Aktionär eines Unternehmens bin ich …

Aussage	richtig	falsch
Gläubiger des Unternehmens.	☐	☐
Miteigentümer des Unternehmens.	☐	☐
von Gesetzes wegen Mitglied des Verwaltungsrates.	☐	☐
ohne jegliche finanzielle Risiken.	☐	☐

A16 Wo erhalten Sie am meisten Zins? Recherchieren Sie im Internet.

☐	Lohnkonto
☐	Anlagesparheft
☐	5-jährige Kassaobligation
☐	Anleihe mit einer Laufzeit von 12 Jahren

A17 Welche der nachfolgenden Geldanlagen ist die relativ sicherste Variante? Recherchieren Sie im Internet.

☐	Anleihensobligation Grosshandel AG
☐	Namenaktie Huber und Partner AG
☐	Anleihe Kanton St. Gallen 2009–2019
☐	Privatkonto bei der ortsansässigen Bank

A18   Ein Kollege erzählt Ihnen von einem sicheren Anlagetipp mit einer Rendite von 50 Prozent. Was halten Sie von diesem Anlagetipp?

_____

_____

_____

_____

A19   «Wenn jemand gut schlafen will, soll er Obligationen kaufen; wenn jemand aber gut essen will, soll er
Aktien kaufen.» Zeigen Sie die Hintergründe dieses Spruchs auf.

_____

_____

_____

_____

Kreuzworträtsel

X1

Verwenden Sie die Umlaute ä, ö und ü.

Waagrecht

3. Damit wird man Miteigentümer einer Firma (Mz)
9. Indirekte Steuer für Raucher
11. Ist Teil der Stellenbewerbung
12. Gibt Auskunft über Art und Dauer der Beschäftigung, über Stellung und Funktionen sowie über Leistung und Verhalten
13. Wer mehr verdient, zahlt prozentual mehr Steuern
14. Wäre sinnvoll, sich darauf vorzubereiten
15. Verhältnis des Ertrags zum einbezahlten Betrag
16. Beträgt 35% der Zinsen
17. Wertschrift mit fester Laufzeit

Senkrecht

1. Weiterbildungsmöglichkeit auf Tertiärstufe
2. Kann man berufsbegleitend oder nach der Grundbildung erlangen
4. Grösste Einnahmequelle des Bundes (Abkürzung)
5. Bekommt man von der Arbeitslosenversicherung
6. Kann man als Berufstätige in der Steuererklärung vom Einkommen abziehen
7. Dort muss man sich bei Arbeitslosigkeit melden (Abkürzung)
8. Gibt nur Auskunft über Art und Dauer der Beschäftigung
10. Beeinflusst bei der Geldanlage die Gewinnmöglichkeiten

Lernaufgaben

Bewerbung erstellen

L1

Lernziel

- Sie wissen, was in einem vollständigen, aktuellen CV alles aufgelistet sein muss.
- Sie können ein Bewerbungsschreiben erstellen.
- Ihnen ist bekannt, welche Unterlagen Sie einer Bewerbung beilegen müssen.

1. Grundlagen für die Stellenbewerbung erarbeiten:
   Lesen Sie im Buch «Gesellschaft Ausgabe C» die Seiten 271–276, Berufliche Zukunft.

2. Dateiordner mit allen nötigen Unterlagen erstellen
   Erstellen Sie auf Ihrem Laptop/PC einen Ordner, in dem Sie sämtliche Unterlagen und Vorlagen für Bewerbungen ablegen.

3. Personalblatt – Lebenslauf – Curriculum vitae, CV
   - Erstellen Sie Ihr persönliches Personalblatt, Ihr aktuelles CV. Sie finden eine Vorlage im Buch (siehe Seite 276, Stellenbewerbung) oder auch im Internet.
     In der Gestaltung sind Sie frei. Beachten Sie aber, dass die Übersichtlichkeit des Personalblattes wichtig ist. Auch sind berufliche Tätigkeiten und Abschlüsse chronologisch geordnet aufzulisten (beginnend mit dem aktuellsten Beruf/Abschluss)
   - Speichern Sie Ihr CV in Ihrem vorbereiteten Dateiordner.

4. Neue Arbeitsstelle suchen
   - Suchen Sie im Internet eine Stelle, die Sie interessiert.
   - Speichern Sie das Stelleninserat in Ihrem Dateiordner oder drucken Sie es aus.
   - Recherchieren Sie im Internet zum Stellenanbieter. Versuchen Sie möglichst viel über Ihren allfälligen neuen Arbeitgeber herauszufinden.
   - Stellen Sie für sich Argumente zusammen, warum Sie sich für diese Stelle bewerben wollen (Motivation) und warum gerade Sie die geeignete Person für diese Stelle sind (Eignung).

5. Bewerbungsschreiben/Motivationsschreiben
   - Erstellen Sie einen Bewerbungsbrief, den Sie in Zukunft als Vorlage verwenden können. Das Beispiel im Buch (siehe Seite 275, Stellenbewerbung) kann Ihnen als Anhaltspunkt dienen.
   - Im Grundlagenbuch (siehe Seite 275, Stellenbewerbung) unter «Bewerbungsschreiben», können Sie nachlesen, was in einem Bewerbungsbrief alles aufgeführt werden muss.
   - Klären Sie ab, wen Sie als Referenz angeben können (unbedingt persönlich anfragen).
   - Speichern Sie Ihren Bewerbungsbrief in Ihrem vorbereiteten Dateiordner.

6. Zusammenstellung sämtlicher Beilagen
   Erstellen Sie einen Scan (PDF) von folgenden Zeugnissen, Diplomen usw.
   - Lebenslauf (kann direkt im Word erstellt werden)
   - Bewerbungsschreiben (kann direkt aus dem Word erstellt werden)
   - Arbeitszeugnisse/Arbeitsbestätigungen
   - Schulzeugnisse (Berufsschule, Oberstufe letztes Jahr)
   - Sprachdiplome/Bestätigungen Sprachkurse
   - Computerkurse – Bestätigungen, Diplome

   Die Scans resp. Fotos können Sie zum Beispiel mit Ihrem Handy erstellen. Es gibt dazu in den App-Stores verschiedenste Programme, wie z.B. Office Lens, Adobe Scan, Scanbot usw.

   Bei grösseren Unternehmen sind heutzutage Online-Bewerbungen der Regelfall. Beachten Sie dabei, dass die Dateien nicht zu gross sein dürfen. Oft gibt es eine maximale Grösse für Mails. Allenfalls müssen Sie die Dateien komprimieren.

   Speichern Sie Ihren Musterbewerbungsbrief in Ihrem vorbereiteten Dateiordner.

7. Vollzugsmeldung an Lehrperson + Kontrolle Motivationsschreiben
   Holen Sie bei Ihrer Lehrperson eine Rückmeldung zu allen erstellten und gesammelten Dateien ab.

Kriterien
Bewerbungsschreiben:
- saubere Darstellung (Abstände, Gliederung)
- sämtliche Briefelemente sind vorhanden
- Bezug zum Stellenangebot ist klar erkennbar
- Motivation ist ersichtlich
- Persönliche Eignung für den Job wird begründet

Personalblatt/Lebenslauf:
- Lückenlose Aufzählung der bisherigen schulischen und beruflichen Aktivitäten ist vorhanden
- Tabellarische Erfassung
- Chronologisch geordnet (beginnend mit dem aktuellsten Beruf/Abschluss)
- Ansprechende, saubere Gestaltung
- Fehlerfrei
- Aktuelles Passfoto ist vorhanden

Scans:
- PDF-Format
- Vollständigkeit
- Qualitativ gute Scans
- Grösse der Dateien (nicht zu gross!)

Individuelle Lösungen

Eigene Steuererklärung ausfüllen

L1

Lernziel:

– Sie haben Ihre eigene Steuererklärung digital ausgefüllt und anschliessend eingereicht.

Aufgaben:

1. Unterlagen beschaffen:

☐ den Lohnausweis (vom Arbeitgeber ausgestellt – erhalten Sie im Januar)

☐ die Bescheinigungen der Zinsgutschriften von Bank-, Post- und anderen Guthaben. Diese erhalten Sie von Ihrer Bank oder der Post zu Beginn des neuen Jahres. In der Regel steht auf dem Papier «Für Steuerzwecke verwendbar».
Wichtig ist, dass folgendes ersichtlich ist: Kontostand per 31.12.19, Habenzins

☐ die Schuldenverzeichnisse und Schuldzinsbescheinigungen (dies nur, falls Sie Schulden haben)

Wichtig für die Abzüge

☐ Bescheinigungen für Beiträge an Versicherungskassen (Krankenkassen-, Invaliditäts-, Unfall- und Lebensversicherungsbeiträge). Die Zusammenstellung erhalten Sie u.a. von Ihrer Krankenkasse im Januar des neuen Jahres.

☐ Belege über Heil- und Pflegekosten (falls Sie noch Rechnungen haben, die Sie ihrer Krankenkasse noch nicht zugestellt haben und die somit in der Zusammenstellung der Krankenkasse nicht aufgeführt sind)

☐ Belege über freiwillige Zuwendungen an gemeinnützige Institutionen (z.B. Spenden an den WWF oder ähnliches)

☐ Falls Sie ein Auto besitzen, sollten Sie wissen, in welchem Jahr und zu welchem Preis Sie dieses gekauft haben.

☐ Bescheinigungen für Beiträge an Vorsorgeeinrichtungen (2. und 3. Säule) – Dies fällt bei Ihnen momentan in der Regel weg, da ihr Einkommen zu tief ist.

☐ Belege über Weiterbildung, Umschulung oder berufliche Zusatzausbildung (fällt bei Ihnen in der Regel auch weg, da Sie in Ihrer Erstausbildung sind.)

☐ Liegenschaftsunterhalt (nur falls Ihnen ein Haus oder eine Eigentumswohnung gehört)

2. Download Software Steuererklärung Ihres Wohnkantons
Nutzen Sie das Internet und laden Sie die Software zur aktuellen Steuererklärung mit den gebräuchlichsten Steuerformularen auf Ihren Computer. In der Regel genügen die im Download integrierten Formulare. Dazu geben Sie in Ihrem Browser als Suchbegriff «Steuererklärung Software Kanton (Ihr Kanton)» ein. Speichern Sie die Applikation auf Ihrer Festplatte an einem beliebigen Ort, beachten Sie jedoch, dass Sie die Datei bei der Installation wiederfinden müssen!

3. Installation
Installieren Sie danach die Software zur Steuererklärung gemäss Ihrem Betriebssystem. Die Installationsanleitung finden Sie auf derjenigen Seite, auf der Sie die Software runtergeladen haben.

4. Ausfüllen

Mithilfe der Software können Sie ihre Steuererklärung einfach und bequem ausfüllen. Sie brauchen dazu keine Internetverbindung (offline)! Ihre Daten können Sie elektronisch archivieren und diese jederzeit wieder nutzen.

Online-Hilfe (Wegleitung)

Das Programm stellt Ihnen eine einfach zu bedienende Online-Hilfe zur Verfügung. Auf Wunsch wird ein Fenster eingeblendet, das einen Hilfetext enthält, und zwar spezifisch fokussiert auf den von Ihnen bearbeiteten Teil. Klicken Sie dazu auf das entsprechende Symbol. Dadurch wird die Online-Wegleitung geöffnet. Sie entspricht im Aufbau und inhaltlich der Wegleitung in Papierform.

Berechnen

Dank diesem Programm werden die Zahlen per Mausklick berechnet und Sie müssen sich nicht mit komplizierten Additionen und Subtraktionen herumschlagen. Nach dem Ausfüllen der Steuererklärung können Sie direkt in der Software Ihre Steuerbelastung berechnen, indem Sie über das Menü eTaxes-Steuerkalkulator den entsprechenden Dialog aufrufen. Wie bisher ist der Steuerkalkulator vollständig im Programm integriert; sie benötigen deshalb keine aktive Internetverbindung mehr.

Formulare

Mit dem Download haben Sie auch die gängigsten Steuerformulare erhalten. Diese reichen in der Regel aus, um die Steuererklärung einzureichen. Falls Sie zusätzliche Formulare benötigen, benutzen Sie die zugestellten Original-Formulare, füllen Sie diese aus und übertragen Sie die entsprechenden Ziffern in die elektronischen Formulare des Programms. Sie können weitere Original-Formulare auch online bestellen. Nutzen Sie dazu auch den Formular-Dienst. Mit Ihrem Online-Download oder der Online-Bestellung sparen Sie sich den Gang zum Steueramt oder ein Telefon und vor allem: Das Steueramt ist für Sie online rund um die Uhr erreichbar.

5. Einreichen

In den meisten Kantonen können Sie Ihre Steuererklärung elektronisch via Internet (eTaxes) einreichen. Es ist dann kein Ausdruck der Formulare erforderlich. Beachten Sie auf jeden Fall die kantonalen Vorgaben. Drucken Sie die Quittung aus.

WICHTIG:

Senden Sie dem Steueramt unbedingt die unterschriebene Quittung der elektronisch eingereichten Steuererklärung, sämtliche Belege Ihrer Bank, Kopien Ihrer Spenden usw.

6. Vollzugsmeldung an Lehrperson

Melden Sie Ihrer Lehrperson, wenn Sie die Steuererklärung eingereicht haben.

Individuelle Lösungen

Meine berufliche Zukunft – eine Möglichkeitsskizze

L1

Ausgangslage

Das Schweizer Bildungssystem ist durchlässig aufgebaut und es gibt in der Regel keinen Abschluss ohne Anschluss (siehe Kapitel 1.1). Das bedeutet, dass es nach der Lehre für Sie weitergehen kann. Ob und wann dies geschehen wird, ist Ihnen freigestellt. Es ist jedoch sinnvoll, wenn Sie sich bereits vorzeitig einige mögliche Wege (oder Träume) einmal genauer anschauen und konkretisieren.

Auftrag

Überlegen Sie sich für die 5 bis 10 Jahre nach Ihrem Lehrabschluss zwei bis drei mögliche Verläufe für Ihre berufliche Zukunft (Tätigkeiten und Weiterbildung). Zwei Verläufe sollten dabei mindestens eine Weiterbildung beinhalten. Visualisieren Sie die Verläufe (beispielsweise auf einem Zeitstrahl) und kommentieren Sie diese in einem kurzen Text, in dem Sie zentrale Fragen (siehe unten) beantworten.

Mögliche Fragen:
- Wieso entscheide ich mich für diesen Verlauf?
- Welche Abschlüsse mache ich darin und was ermöglichen mir diese?
- Was bringen/kosten mich die Stationen in den Verläufen? Wie finanziere ich sie?
- Welche Herausforderungen entstehen?
- usw.

Produkt

Möglichkeitsskizze (Visualisierung und Text)

Kriterien

- Die Möglichkeitsskizze (Visualisierung und Text) ist informativ und ausführlich.
- Visualisierung: Die Verläufe sind realistisch und stimmig.
- Im Text werden die relevanten Fragen beantwortet.
- Die Visualisierung und der Text sind gut strukturiert und sprachlich korrekt.

Individuelle Lösungen